LE MARCHÉ DE LA FAIM

Titre original :
We Feed the World – Was uns das Essen wirklich kostet
© Orange Press, 2006

© ACTES SUD, 2007
pour la traduction française
ISBN 978-2-7427-7786-0

ERWIN WAGENHOFER
ET MAX ANNAS

LE MARCHÉ DE LA FAIM

LE LIVRE DU FILM *WE FEED THE WORLD*

essai traduit de l'allemand
par Stéphanie Lux

BABEL

SOMMAIRE

Avant-propos 9

I. LES LÉGUMES
  "Tomates de combat", transporteurs et paysans
  affamés 13

II. LE PAIN
  Soja, pain invendu et soie de porc 51

III. LE LAIT
  Vaches dopées, puissance des grands groupes
  et superbactéries 67

IV. LA VIANDE
  Bourses de fumier, déchets d'abattoirs
  et émissions toxiques 77

V. LE POISSON
  Les farines de poisson, l'aquaculture
  et le nouveau saumon géant 109

VI. L'EAU
  Eau virtuelle, soif réelle 127

VII. LA FAIM
  Cash crops, subsistance et victimes de la faim 145

VIII. CONSOMMER
  Carburant écologique, commerce équitable
  et supermarchés bio 159

FAIRE UN FILM HONNÊTE, par E. Wagenhofer 175

Glossaire 181

AVANT-PROPOS

"Pour rester en bonne santé, mangez des légumes !" C'était peut-être vrai quand on les cultivait encore dans son propre potager. La plupart du temps, les légumes d'aujourd'hui sont conçus en laboratoire, ne poussent même plus dans la terre et n'ont aucun goût ; de plus, on reçoit des subventions pour exporter l'excédent en Afrique, où les petits paysans, qui, eux, continuent à cultiver selon les méthodes traditionnelles, se voient privés de leurs moyens d'existence.

Ce livre accompagne le film *We Feed the World*. Il expose les tenants et les aboutissants des stratégies, au service du *consommateur*, de l'industrie qui produit la nourriture de ceux qui ont les moyens, c'est-à-dire la nôtre. Ce livre montre que certains procédés, dont nous n'avons pris conscience qu'à l'occasion de scandales alimentaires, constituent en fait le quotidien de la production des aliments.

En Europe, on peut se tenir régulièrement informé des incidents qui touchent à la fabrication de la viande. Or la production de la viande n'est qu'une partie de l'industrie alimentaire. Dans les mêmes étables, on travaille également à la production du lait. Et même si le lait jouit d'une bien meilleure image que la viande, on y emploie des méthodes pas moins radicales : le déboisement fulgurant de la forêt amazonienne au Brésil a lieu autant pour les vaches laitières que pour les animaux de boucherie.

Ce livre balaie les idées simplistes que nous nous faisons de la fabrication des produits alimentaires. Les catégories traditionnelles ne sont plus d'actualité. A commencer par certaines désignations : le poulet qu'on veut nous faire manger est-il encore un animal ? La tomate le fruit d'une plante ? Ne devons-nous pas inventer de nouvelles catégories pour ces produits ? Notre vocabulaire est-il encore à même de désigner ce qui se passe autour de nous ? Pour produire de la viande, on va chercher des quantités astronomiques de fourrage à l'autre bout du monde, alors que juste à côté de ces champs où l'on récolte la nourriture de nos animaux des hommes meurent de faim. Le nouveau poisson, qui se reproduit en ce moment même dans des laboratoires nord-américains, représentera pour l'écosystème marin une modification plus grande que tous les autres facteurs réunis – et ce uniquement pour nous approvisionner en protéines.

L'industrie alimentaire est le secteur de l'économie le plus puissant au monde. Les groupes qui fabriquent des produits alimentaires, les multinationales présentes dans le monde entier et la recherche, qui, la plupart du temps, est au service de l'industrie, sont autant d'acteurs qui jouent un rôle déterminant dans la politique mondiale. Tout le monde parle du pétrole et des guerres menées pour l'obtenir, mais on perd de vue un conflit encore plus grand. Car la fabrication de produits alimentaires pour les pays riches tue bien plus de gens que ne le fait l'usage direct des armes et autres engins de guerre.

Ce livre montre les dessous de la fabrication des aliments à l'échelle internationale. Nous savons tous que le prix que nous payons pour ces marchandises coloniales modernes que sont le café et les bananes n'est pas un prix juste. Mais le paysan sénégalais qui n'arrive plus à vendre ses légumes dans son propre pays ou le cultivateur de maïs mexicain dont la récolte est détruite parce que sabotée par des OGM ne sont pas moins les victimes de notre faim que les ouvriers agricoles qui récoltent pour nous ce café bon marché.

Ce livre fait sortir de la sphère privée la discussion sur les produits alimentaires et il situe notre comportement de consommateur par rapport au monde. C'est notre nourriture qui fait que d'autres ont faim. C'est à cause de notre viande et de nos légumes, de nos fruits et de nos céréales. Et à cause des bénéfices que font les grands groupes, tous basés en Europe et en Amérique du Nord.

Mais on peut percer à jour leurs stratégies, et plus nous en savons sur le processus de production des articles que nous trouvons sur les étalages, moins nous nous laissons duper. Quand vous aurez lu ces pages, vous ne verrez plus jamais du même œil le rayon fruits et légumes de votre supermarché. Quant au poisson que vous verrez dans la vitrine de votre poissonnier, vous aurez davantage de critères pour le juger que sa fraîcheur ou son prix. Même le pain de votre boulanger, vous le verrez différemment.

Le documentaire s'intitule *We Feed the World*, et c'est à ce *nous* collectif qu'il revient de changer ce qui ne va pas. Peu importe que ce qui nous anime soit la volonté de préserver une culture culinaire ou le souci que notre nourriture ne soit pas responsable de la mort du reste du monde.

ERWIN WAGENHOFER, MAX ANNAS,
avril 2006.

I

LES LÉGUMES

"Tomates de combat", transporteurs*
et paysans affamés

Le rayon fruits et légumes du supermarché baigne dans une chaude lumière dorée. Le cadre noir et mat autour des étalages complète l'agréable atmosphère, des miroirs inclinés donnent l'impression au client qu'il se trouve dans un espace protégé, réservé aux délicieux produits de la nature. A l'entrée du supermarché, ou de ce rayon, on trouve peut-être cette formule : "L'amour des aliments." Aubergines, poivrons et tomates brillent comme si on venait de les astiquer. Derrière leur film transparent, les feuilles de roquette ont l'air fermes, bonnes pour la santé. Les fruits, dont l'assortiment est le même toute l'année, font eux aussi très bonne figure dans cette mise en scène. On est tout de suite en confiance, la présentation tout comme les marchandises sont impeccables.

---

* Les termes dont la première occurrence est suivie d'un astérisque font l'objet d'un article dans le glossaire en fin de volume. *(N.d.T.)*

Pourtant, cette image présente un certain nombre d'erreurs. Les tomates moyennes du Maroc ne viennent pas du Maroc, comme l'annonce la pancarte, mais d'Almería, dans le Sud de l'Espagne. C'est du moins ce qui est écrit sur leur cagette. Les grosses tomates, claires et sans goût, sont dans un carton portant la mention "Ténériffe", mais l'écriteau indique qu'elles viennent des Pays-Bas. Qu'est-ce que cela veut dire ? Il n'est pas rare que des tomates des Canaries soient emballées aux Pays-Bas : cela rapporte plus d'argent que des légumes du continent africain, même si les Canaries font partie de l'Union européenne. Il ne s'agit probablement que d'une négligence. Et il est très probable que cela n'intéresse guère les clients – il est donc relativement égal à la direction du supermarché de respecter les lois en vigueur dans ce domaine. On ne peut poser la question à personne, car seule la caissière ou la caméra de surveillance jettent un œil sur ce rayon. Cela fait bien longtemps qu'il n'y a plus de personnel qualifié pour s'occuper des marchandises et de la clientèle. Ces emplois ont été supprimés il y a plus de vingt ans. De temps à autre, quelqu'un vient remplir les distributeurs de sacs en plastique ou ôter les étiquettes collées sur la balance. Dans les supermarchés qui s'adressent à une clientèle fortunée, un employé passe régulièrement avec un vaporisateur et répartit une brume artistique sur les aliments.

En y regardant de plus près, on voit que le poivron jaune, sous le cellophane de l'assortiment des trois couleurs, n'est plus très vaillant. Le dessous du légume ramollit ; on ne peut dire si c'est à force d'avoir été touché par les clients ou s'il s'agit d'une dégradation naturelle. Peut-être aussi les poivrons sont-ils restés trop longtemps dans leur emballage plastique. La couleur des aubergines n'est pas aussi unie qu'il paraissait. Au fond, ce n'est pas grave, car ce n'est pas un signe de qualité. Mais l'aubergine doit pouvoir rivaliser, par son aspect et sa consistance, avec la banane et la mangue. Elle se vend mieux si sa peau est impeccable. Les légumes sont donc développés de sorte à correspondre à cette image, sans souci de goût. Ceux-ci se veulent parfaits, et grâce aux deux douzaines de spots et à leur agréable lumière ils font vraiment illusion. Jusqu'à un certain point.

Mais cela ne vous intéresse guère en ce moment. Vous êtes venus chercher une belle salade. Malheureusement, la roquette grecque en barquette ne résiste pas à un examen minutieux. De nombreuses feuilles, et pas seulement celles qui sont abîmées, sont déjà vert foncé. Peut-être allez-vous prendre les feuilles toutes prêtes dans leur emballage en plastique. Mais le sachet ne comporte aucune indication d'origine. Comme il s'agit de feuilles de salade coupées, cet article est considéré comme un plat préparé et on n'est donc plus obligé de dire si la salade vient de Grèce, d'Espagne, des Pays-Bas, ou des trois. Quant à l'enquête publiée fin 2005 début 2006 par la Stiftung Warentest, l'Institut allemand de la consommation, et qui montre que la roquette contient presque toujours des substances toxiques, vous n'en avez malheureusement pas entendu parler.

De l'avion, on voit l'étendue bleue de la Méditerranée, les montagnes grises et, entre les deux, une plaine immense. Où on trouve des serres à perte de vue. Séparées seulement par des routes et des chemins, 30 000 serres ont été installées sur une surface de 35 000 hectares, on ne voit plus que des toits de verre ou de plastique, censés renforcer l'effet du soleil brûlant d'Andalousie. Certains affirment que ce paysage de serres, comme la muraille de Chine, est visible depuis la Lune. Au bout de la plaine, on a déjà aménagé des terrasses dans la montagne et installé de nouvelles serres. De plus en plus de collines sont l'objet de travaux de terrassement. Côté mer, on observe le même phénomène. On a construit des serres sur le littoral étroit et escarpé. Nulle place ici pour les curieux ou les touristes. Personne ne songerait à demander une visite guidée de ces endroits où on "engraisse" les légumes. Si on entre malgré tout dans ces halles d'aspect plus ou moins provisoire, on voit des choses tout à fait irréelles. Et si on croyait savoir comment poussent fruits et légumes, on y apprend beaucoup. Le sol est bétonné comme dans une chaîne de production automobile. C'est dans d'immenses rangées de caisses que les tomates sont produites. Dans ces caisses, on trouve surtout de la laine de roche, enrichie en minéraux et substances nutritives, avec un système automatique d'arrosage et d'évacuation de l'eau. C'est la négation du plus vieux principe de l'agriculture, car plus personne ici n'a besoin d'un sol fertile. Pour Lieven Bruneel, agronome belge, "avec ce goutteur, nous savons exactement ce qui arrive jusqu'à la plante : nourriture, eau. Si nous cultivions directement dans la terre, nous ne le saurions pas vraiment. Et il y a plus de maladies dans le sol. Ce substrat est meilleur."

De nombreux grossistes et détaillants parlent de "tomate de combat" pour désigner ce fruit rouge cultivé à la pointe sud de l'Europe pour déferler sur les marchés des pays riches, mais plus froids de l'Ouest et du Nord du continent. La tomate de combat est une véritable performance scientifique. Car la tomate est un fruit sensible, et réussir à ce qu'elle soit toute l'année robuste et bien rouge est une sacrée performance, même si elle n'a aucun goût. Le fait que cette tomate moderne survive à son voyage sur le tapis roulant, qu'elle entreprend en Andalousie pour être emballée dans ces barquettes dans lesquelles elle est vendue, est un petit miracle de la science. Le terme "tomate de combat" n'a pas une étymologie compliquée, on le comprend intuitivement. Et cet aspect combatif est présent à plusieurs niveaux dans la tomate. On le retrouve dans son prix, en particulier, car les quelques euros que coûte le kilo dans un supermarché ordinaire sont loin de couvrir les coûts réels, qui englobent bien d'autres choses, de la destruction de l'écosystème de l'Andalousie à celle des marchés agricoles d'Afrique de l'Ouest.

Au supermarché, dans la chaude lumière des étalages, cette tomate rencontre ses collègues produits au même endroit : le concombre, la courgette, le poivron, mais aussi la fraise que, depuis quelques années, on trouve de plus en plus en toute saison dans les supermarchés ou chez les marchands de légumes européens. En regardant de plus près l'assortiment normal de fruits et légumes de son supermarché en hiver, on constate qu'à peu près la moitié des marchandises sont accompagnées de l'indication de provenance Almería (la grande ville au bord de la mer) ou El Ejido, l'ancien village de la plaine, qui n'avait encore que 1 000 habitants en 1960. Avec aujourd'hui 100 000 habitants déclarés, et probablement autant qui ne le sont pas, cette localité est devenue, en l'espace de quarante ans, une véritable métropole.

Depuis des années, à El Ejido, agressions et pogroms ont pour cible les populations immigrées qui travaillent dans ces plantations modernes.

Selon des sources conservatrices, en Europe occidentale, la consommation par tête et par an de fruits et légumes en provenance d'Andalousie atteint dix kilos. Rien de vraiment impressionnant au premier abord. Mais cette estimation inclut les bébés qui ne sont encore nourris qu'au sein de leur mère. Et elle ne tient pas compte des amateurs de fast-food et de plats préparés, tous ceux qui n'ont ni le temps ni l'envie de cuisiner eux-mêmes. La tranche de concombre du hamburger est tout aussi absente de cette estimation que les restes de tomate sur la baguette surgelée. Il n'est question ici que des aliments frais, mieux encore : crus et non transformés vendus au détail. De plus, on produit aujourd'hui dans des conditions semblables au Maroc et en Italie, en Grèce et en Israël, des aliments qui atterrissent dans notre assiette. Et qui ne sont pas comptabilisés dans ce chiffre de dix kilos par personne.

UN MIRACLE DANS LE DÉSERT

Le miracle agricole andalou a commencé il y a un peu plus de quarante ans, et il a annoncé la modernisation de l'agriculture européenne. Dans d'autres régions du monde, en particulier sur le continent américain, un contexte différent avait amené une dynamique de modernisation différente. Le territoire des Etats-Unis n'avait pas été touché par la guerre, et le pays s'engageait sur la voie d'une agriculture rationalisée. En Amérique centrale, une série de dictatures s'étaient établies qui concentraient leur économie sur la monoculture de fruits tropicaux frais et en conserve. L'industrie, au service de l'agriculture, avait elle aussi commencé à voir plus grand, ce en quoi elle avait plusieurs décennies d'avance sur l'industrie européenne. Voilà qui explique la domination des deux groupes semenciers Pioneer Hi-Bred et Monsanto.

L'Espagne appliquait désormais la maxime que le ministre de l'Economie allemand Ludwig Erhardt avait formulée dès les années 1950, et selon laquelle il fallait intégrer l'agriculture à la société industrielle. A ceci près que l'Espagne n'était pas vraiment une société industrielle, mais plutôt une dictature arriérée. Toutefois, les mesures prises par le régime de Franco, visant à développer l'exploitation agricole de cette région la plus ensoleillée d'Europe, ont effectivement contribué, sur le long terme, à la prospérité de ce nouveau membre de l'Union européenne (depuis 1986). Selon Lieven Bruneel, "C'est dans les années 1960 que tout a commencé. Le gouvernement central de Madrid a alors fait venir l'eau dans la région. Puis il a parlé aux paysans qui vivaient dans la montagne de son plan de vastes cultures dans la plaine. C'est aussi le gouvernement qui a fourni le savoir-faire en engageant des agronomes. «Vous avez l'eau, vous avez la terre, maintenant vous pouvez faire des légumes.» Le nombre de serres n'a cessé d'augmenter depuis les années 1960. Elles couvrent aujourd'hui une surface de 25 000 hectares, c'est davantage que toutes les serres de Belgique et des Pays-Bas réunies."

Ce qu'étaient en Amérique du Nord les vastes cultures de maïs destinées à nourrir tant les hommes que les animaux (cultures recourant souvent à des semences hybrides*), et dans les Etats d'Amérique centrale le développement de monocultures (banane, café ou sucre, par exemple) dont le produit était vendu aux Etats-Unis et au Canada, cela a été, sur le sol espagnol, dans un premier temps la production de fruits exotiques, puis de tous les fruits et légumes pour les pays du Nord de l'Europe, au climat moins favorable. L'Etat espagnol mettait à disposition l'infrastructure nécessaire, et c'est ainsi qu'a pu se développer en Andalousie une agriculture en contradiction à la fois avec les traditions de semailles et récolte selon les saisons et avec l'idée de l'unité traditionnelle que forment agriculture et élevage.

La ferme classique était un circuit autosuffisant. Le système se nourrissait et fonctionnait de lui-même – et les hommes étaient un élément de ce système. Ce qui rendait ce système particulièrement intéressant, c'est qu'on avait même un excédent de nourriture. La terre donnait à la famille de paysans et à leurs animaux ce dont ils avaient besoin pour vivre ; on nourrissait les animaux, on mangeait leur viande, et leurs excréments étaient utilisés comme engrais, contribuant ainsi au développement des nouvelles cultures. Ce principe, avec des variations, a marqué le travail de l'homme dans les champs pendant des milliers d'années. Jusqu'à la fin de la Seconde Guerre mondiale, l'agriculture était le principal fournisseur d'énergie* sous forme de substances nutritives et, avant la révolution industrielle, le seul. Aujourd'hui, en revanche, l'agriculture est l'un des plus grands consommateurs d'énergie. Pour l'élevage d'animaux de boucherie, on exploite d'immenses surfaces de terre, où on cultive céréales ou soja pour le fourrage.

A cela s'ajoute le fait que l'agriculture utilise entre 70 et 75 % des réserves mondiales d'eau douce.

On appelle ce modèle traditionnel d'autosuffisance énergétique "économie de subsistance*" : elle constitue aujourd'hui encore la norme dans la plupart des pays du monde, dans toute l'Afrique subsaharienne, mais aussi dans l'immense continent asiatique, des pays arabes à la Chine où, malgré une industrie en plein essor, l'essentiel de la population vit des produits de l'agriculture. L'Amérique du Sud, elle, est en grande partie intégrée au marché alimentaire international, la plupart des pays d'Amérique centrale produisent depuis longtemps des fruits pour l'Europe et les Etats-Unis. Récemment, la fragile agriculture mexicaine a été ébranlée par l'Accord de libre-échange nord-américain (ALENA). L'industrie du maïs des Etats-Unis a en effet obtenu par ce biais un accès quasi illimité au marché de son voisin, ce qui a exclu plusieurs milliers de paysans, et leur famille avec eux, d'un système de subsistance qui fonctionnait très bien. Ces gens sont devenus des réfugiés économiques dans leur propre pays, ou se sont débrouillés pour gagner le nord. Les Etats-Unis.

Les camions qui livrent les marchandises andalouses dans toute l'Europe vont eux aussi vers le nord. Faire 3 000 kilomètres pour livrer des fruits et légumes est plutôt la règle que l'exception. Jusqu'à la frontière entre l'Espagne et la France, les camions se suivent en file indienne, avant de se séparer pour gagner leurs différentes destinations en Suisse, en Autriche, en Allemagne, en Grande-Bretagne ou en Scandinavie. Bien évidemment, c'est toute une infrastructure qui s'est développée sur ces routes.

Il fait nuit. Le camion parti du Sud de l'Espagne au matin arrive près de la frontière française. La Coruña, "la couronne" – cet endroit qui n'apparaît sur aucune carte porte le même nom que la grande ville de Galice. Le lourd véhicule s'engage entre les stations-service et les relais d'autoroute, dont les lumières percent l'obscurité. On voit également les enseignes au néon d'hôtels où on peut louer une chambre pour quelques heures. Pourtant, les routiers ont en général un espace aménagé derrière leur siège. Le routier laisse son outil de travail sur une énorme place de parking, à côté de centaines d'autres camions. Il entre dans un des bars où on peut manger et se divertir pour pas cher. Il n'y trouve pas seulement des collègues, mais aussi de nombreuses femmes qui attendent de passer un moment avec un conducteur de poids lourd. Ces "hôtels" sont en fait des bordels prospères, car ce sont des milliers de camions qui passent ici chaque jour.

En Europe, le transport n'est pas excessivement cher. L'ouverture de l'Union européenne à l'Est a fourni aux grands transporteurs une abondante main-d'œuvre extrêmement bon marché. A cela s'ajoute le fait que nombre de nouveaux membres de l'UE ont signé des accords avec des pays voisins, qui ne font pas (encore) partie de l'Union. C'est ainsi qu'il faut soudain compter avec des pays comme l'Ukraine et la Moldavie, d'où partent des conducteurs prêts à sillonner les routes du continent pour encore moins d'argent. On estime que seul 1 % du prix des produits alimentaires dans un commerce de détail est consacré au transport. Cela englobe l'achat du camion, son entretien, les assurances, les impôts, le carburant, sans oublier la rémunération du chauffeur. C'est-à-dire tous les coûts directs, qui peuvent être facturés à l'individu relégué au rang de consommateur. Les coûts indirects, liés aux émissions de dioxyde de carbone*, à la dégradation du paysage causée par la construction de routes et de stations-service, au bruit, aux embouteillages et aux victimes d'accidents de la circulation, n'ont pas de place dans ce calcul.

En bordure de la plaine d'El Ejido, où les serres dessinent une gigantesque mosaïque, on voit les logements de la main-d'œuvre. Beaucoup se sont installés dans de vieilles serres abandonnées par leurs propriétaires. D'autres se sont construit des cabanes à partir de matériaux dont on n'avait plus besoin dans les serres. Elles sont à peine plus grandes que le lit de camp qu'ils y ont installé pour dormir. D'autres encore ont repris la chambre improvisée faite de bois et de bâches en plastique de ceux qui ont été expulsés ou ont eu la chance de trouver un autre travail, légal ou non, dans l'Union européenne, ou sont simplement partis dans l'espoir d'une vie meilleure qu'en Andalousie. Si on s'avance jusque dans les montagnes, on trouve des gens qui se sont installés dans des fermes désaffectées. Car jusque dans les années 1960, dans cette région, les paysans vivaient de leurs terres. Depuis, ils sont partis pour la ville. El Ejido est aujourd'hui l'une des communes les plus riches d'Espagne.

"Si on a commencé ici, c'est parce qu'il y a beaucoup de soleil, déclare le Belge Lieven Bruneel, directeur de la production. En moyenne, on a presque 3 000 heures d'ensoleillement par an à Almería. C'est trois fois plus qu'à Bruxelles. Un peu plus loin, il y a le village d'El Ejido. 1 000 habitants dans les années 1960, et presque 100 000 aujourd'hui. Tout a changé ici. Avant, c'était une région pauvre, et maintenant ça va. Les gens ne sont pas millionnaires, mais

23

ils ont de quoi vivre. Ici, on parle du miracle d'Almería." La mosaïque de serres qui s'étend dans l'immense plaine est un paysage lunaire, tout comme le sont d'ailleurs les régions montagneuses abandonnées. Les fermes des hauteurs sont inhabitées, les champs ne sont plus cultivés depuis longtemps. Conséquence de cet exode rural moderne : non seulement le paysage agraire traditionnel d'Andalousie a été détruit, mais montagnes qui entourent la plaine d'Almería se sont transformées en une décharge qui, empoisonnée par des tonnes de bâches en plastique et autres matériaux, se dégrade à petit feu.

A El Ejido, on n'apprécie guère les ouvriers qui travaillent dans les serres. Ils ont très peu de chances d'y obtenir un appartement. Seuls les titulaires d'un permis de travail ont un droit théorique au logement. Or un patron de l'industrie andalouse des fruits et légumes n'a aucun intérêt à aider ses travailleurs immigrés, en leur fournissant un certificat de travail, à être dans la légalité. Les travailleurs viennent surtout de l'autre côté de la Méditerranée, du Maroc, et l'argot espagnol leur donne le nom péjoratif de *Moros*. Mais aujourd'hui ces travailleurs sont de plus en plus des hommes jeunes venant du Sénégal, du Mali et d'autres pays d'Afrique de l'Ouest. Ils ont réussi à fuir leur continent pour gagner l'Europe où, pour la plupart, ils vivent et travaillent dans l'illégalité. Le fait qu'ils n'aient ni cotisation retraite, ni protection du travail, ni assurance maladie n'est évidemment un secret pour personne, mais les entreprises andalouses n'ont pas de comptes à rendre dans ce domaine. Ici, le gouvernement socialiste de Zapatero ne se penche pas sur la légalisation des réfugiés. Le lobby de l'agriculture est trop puissant : les

15 000 patrons andalous apportent une contribution non négligeable au commerce extérieur de l'Espagne. Quelque trois millions de tonnes de fruits et légumes sont produits ici chaque année, et il est difficile de gouverner contre les milliards de bénéfices que cela rapporte au pays. Si tant est qu'on essaie de le faire !

Avoir des conditions de travail proches de l'esclavage n'a rien d'exceptionnel dans le monde d'aujourd'hui. A Shenzen, en Chine, des entreprises américaines et européennes font produire leurs vêtements pour presque rien dans ce qu'on appelle des *sweatshops*. Il s'agit d'un véritable système de non-droit, et l'Etat chinois soutient la politique des grands groupes par tous les moyens. Les *sweatshops* des zones franches du Nicaragua sont eux aussi des zones de non-droit, et les grands groupes de la mode y ont établi des dictatures au fonctionnement parfait. On trouve d'autres exemples dans de nombreux pays d'Afrique, comme en Ouganda, au Swaziland ou au Lesotho. Contrairement à ce qui se passe en Asie, en Amérique latine et en Afrique, en Andalousie de telles conditions sont contraires à la loi. Concrètement, voilà à quoi ressemblent souvent les conditions de vie de la main-d'œuvre : un salaire misérable (parfois à peine 15 euros par jour), pas de contrat de travail mais un "statut" de journalier, une exposition permanente aux pesticides, des chances très réduites d'obtenir un appartement et donc nulles d'avoir un permis de séjour, ce qu'une nouvelle loi espagnole très vague rendrait pourtant possible.

Depuis l'élargissement à l'Est de l'Union européenne, de plus en plus de jeunes femmes roumaines et bulgares viennent en Andalousie, ce qui fait baisser les salaires encore davantage. Mais le pire et le plus dangereux pour les travailleurs africains, c'est le climat de racisme d'El Ejido. Plusieurs Marocains ont déjà été assassinés, et on dit que la volonté d'intervention de la police est plutôt limitée, tant au niveau de l'enquête que de la prévention.

LA FIN DU SOL

Aux Etats-Unis, le Middle West est la terre du maïs. Des Etats entiers sont sous l'emprise du grain jaune. En parcourant l'Iowa ou le Kansas, en voiture ou en avion, on peut se faire une idée de ce que signifie vraiment le concept de monoculture. Contrairement à ce qu'on observe dans les cultures de fruits et légumes du Sud de l'Espagne, qui nécessitent un personnel nombreux, on trouve toujours ici de vraies familles travaillant à leur compte. Leurs terres n'ont cessé de s'étendre au cours des dernières décennies, car les familles les plus heureuses en affaires ont racheté leurs terrains à ceux qui n'ont pas eu autant de chance et ont été obligés de vendre. C'est ainsi que dans les Etats où domine traditionnellement l'agriculture sont apparues des fermes immenses. Dans le cadre de la spécialisation voulue par le commerce et subventionnée par l'Etat, ces fermes se sont mises très tôt à exclure toutes les branches susceptibles d'entraver une concentration sur leur activité principale.

Le maïs oblige le sol à tout donner, il lui prend constamment toutes ses substances nutritives et contraint théoriquement l'agriculteur à accorder de temps en temps une période de repos à la terre (culture différente ou élevage extensif). Or la structure du personnel de ces exploitations fait qu'il n'en est pas question, car seule une poignée de gens règne sur ces immenses surfaces, qui sont parfois l'équivalent de plusieurs centaines de terrains de football, et sur des machines agricoles plus grandes que les chars de l'armée américaine. Les exploitations de maïs des Etats-Unis devraient rapporter aujourd'hui, en moyenne, entre 15 et 30 % d'argent en plus. Ces kolkhozes de l'Ouest ultra-perfectionnés sont financés pour l'essentiel par des subventions de l'Etat fédéral.

Cela fait très longtemps qu'on cultive le maïs. Dans sa patrie traditionnelle, le Mexique, on en trouve près de cinquante variétés différentes, répertoriées parmi les 20 000 échantillons de semences que rassemble l'institut de recherche sur le maïs d'El Batán. La couleur du fruit va du blanc au mauve, et de nombreux petits paysans du Sud de ce pays d'Amérique centrale pratiquent aujourd'hui encore une agriculture mixte classique. Non seulement ils cultivent d'autres plantes que le maïs sur un même champ, mais ils font également, depuis toujours, plusieurs variétés de maïs. Cette méthode leur permet de contrer les humeurs de la nature : une année, telle sorte qui a besoin de beaucoup de soleil poussera particulièrement bien, l'année suivante ce sera le cas d'une variété qui aime l'humidité. Autrefois, les paysans mexicains travaillaient ainsi pour eux-mêmes, s'assurant toujours un certain rendement, et œuvraient également en faveur d'une biodiversité aussi vaste que possible en pratiquant la protection active des différentes variétés de maïs.

Ceux qui cultivent le maïs ont toujours sélectionné les semences. On choisissait les graines des plantes les plus belles et les plus résistantes pour les semer la saison suivante. Ce principe est resté valable au Mexique jusqu'à ces dernières années. Les agriculteurs pouvaient être sûrs de leurs semences, jusqu'à ce que, même dans le Sud du pays (et même dans les régions où l'on n'avait cultivé jusqu'alors que des variétés locales de maïs), des plantes génétiquement modifiées fassent leur apparition.

L'histoire moderne du maïs commence au début du XXe siècle. Aux Etats-Unis, des horticulteurs parviennent à créer une lignée incestueuse plus grande que la plante originale, et au rendement plus élevé, du moins la première année – par la suite, les récoltes diminuent chaque année de près de 20 %. L'autre avantage de cet hybride, c'est de produire une récolte constante – en théorie, du moins. En revanche, les propriétés des semences de cet hybride changent très rapidement, le volume et la qualité de la récolte diminuent, et elles deviennent donc vite inutilisables pour l'agriculteur. Pour l'horticulteur, en revanche, il n'y a rien de mieux. Car une fois que le paysan s'est converti à cette pratique, il est contraint de racheter des semences tous les ans. Les hybrides sont considérés comme des inventions, sont brevetés, et sont donc une source sûre de revenus pour leur propriétaire.

A partir des années 1930, l'entreprise Pioneer Hi-Bred a fait de la vente d'hybrides la base de méthodes de production industrielles. Depuis Des Moines, dans l'Iowa, le maïs a ainsi connu un essor sans précédent dans l'histoire de l'agriculture américaine. Sous forme de fourrage, il est devenu la base de l'élevage de bovins, aliment nourrissant et bon marché, on le retrouve dans le pain et dans les plats préparés produits industriellement, ainsi que dans le pop-corn et les corn-flakes, et on peut même en faire de la colle, par exemple, ce qui est très pratique. Et aujourd'hui encore, le maïs jaune américain en boîte est un ingrédient omniprésent dans les salades, dans toutes les catégories de restaurants et sur tous les continents.

"We feed the world" est le slogan de Pioneer, aujourd'hui leader de la production de semences. Une seule autre entreprise, Monsanto, peut être considérée comme un concurrent sérieux. Pioneer appartient aujourd'hui au géant de l'industrie chimique et pharmaceutique DuPont. Karl Otrok, l'ancien directeur de production du groupe en Roumanie, cite volontiers ce slogan. Encore cadre chez Pioneer Hi-Bred au moment du tournage de notre documentaire, il prend en main deux aubergines, l'une, de belle apparence, est le produit d'hybrides, l'autre n'a pas une couleur unie, et elle est recourbée comme un sabre. "L'aubergine hybride est évidemment très belle, mais elle n'a pas le goût de celle-ci, cultivée traditionnellement. Si l'on considère le prix des semences, celle-ci ne coûte que le salaire de l'ouvrier agricole qui sort les grains et les fait sécher. Le prix de l'aubergine hybride, pour dix grammes, est d'à peu près 600 000 lei, soit environ 15 euros – pour dix grammes ! Evidemment, elle est magnifique. Les gens, quand ils achètent, se laissent influencer, c'est clair. Sur un étalage, elle rend beaucoup mieux que l'autre. Mais le goût, on ne le devine pas avec les yeux. Il faut le ressentir. Pour moi, la meilleure des deux c'est l'aubergine traditionnelle." Dans le rayon fruits et légumes du supermaché, on a rarement la possibilité de goûter. De toute façon, en Europe occidentale, on n'a pas le choix entre plusieurs sortes

d'aubergines. Et même si c'était le cas, une aubergine dont la forme et la couleur ne seraient pas parfaites n'aurait aucune chance.

En disant cela, Karl Otrok n'est même pas en terrain miné, car Pioneer, son employeur d'alors, ne produit pas les semences hybrides des jolies aubergines. En tant qu'*insider*, il connaît toutefois bien le marché, ainsi que les tentatives de son entreprise ou de la concurrence de s'établir sur le marché roumain, qui sera bientôt l'un des plus grands de l'Union européenne. La Roumanie, deuxième pays agricole derrière la France, fournira les pays riches du continent en fruits et légumes bon marché, mais aussi en céréales et en huile alimentaire. Pour les grands groupes, il est donc stratégique d'y être présents suffisamment tôt : "L'année dernière, les hybrides ont été subventionnés par l'Etat. Mais cette année les subventions ont été supprimées. Les paysans doivent payer le prix fort. En fait, c'est l'Etat qui a rendu ses propres paysans dépendants de ce produit, car l'hybride est un produit jetable, qui ne peut être semé qu'une fois." On peut tout au plus reprocher au gouvernement roumain d'exercer une pression subtile sur les paysans pour qu'ils produisent des légumes aux normes, viables sur le marché européen. Tibius, un employé de Pioneer en Roumanie, nous explique en quelques mots la situation dans laquelle se trouve l'agriculture roumaine : "A un moment, il faut qu'un pays ou un agriculteur prenne une décision. Soit il veut conserver le goût, ce qui signifie une récolte modeste pour un petit marché, soit il décide de produire."

Ce que l'exemple roumain ne fait qu'esquisser est parfaitement illustré par ce qui se passe en Ethiopie depuis 2000. Depuis que la Banque mondiale a demandé au gouvernement de l'époque d'envisager une ouverture totale du marché, les marchés des semences et de l'engrais, jusqu'alors organisés par l'Etat, ont été privatisés. Pioneer Hi-Bred a alors fait son apparition. Avec une entreprise partenaire éthiopienne, et l'aide de conseillers locaux, Pioneer a réussi à convaincre des paysans éthiopiens, dans différentes régions du pays, d'acheter des semences de maïs hybride. Parmi eux se trouvaient des paysans de régions suffisamment humides pour la culture du maïs, mais aussi d'autres régions où, davantage que le maïs, pousse la céréale éthiopienne du nom de teff. Les paysans ont payé avec ce qu'ils avaient : ils ont hypothéqué une grande partie de la récolte espérée, ainsi que leurs outils agricoles. Conséquence : les paysans qui ont planté ce maïs sur les hauts plateaux ont pour certains eu la chance d'obtenir une bonne récolte. Malheureusement, le prix de vente du maïs était très bas ces dernières années, si bien que même eux n'ont pas pu rembourser la totalité de leurs emprunts. Ils ont alors planté les hybrides une seconde fois, mais cela leur a rapporté une récolte de 20 % inférieure, et encore moins d'argent que l'année précédente. Entre les récoltes, les paysans ne pouvaient bien évidemment plus faire autant de réserves pour leur famille. D'autres se sont retrouvés dans une situation encore pire. Ceux qui vivaient dans une région où le sol ne peut accueillir les profondes racines des plants de maïs ont été obligés de vendre leur charrue ou le bœuf qui la tirait.

Cette stratégie a permis à Pioneer Hi-Bred d'atteindre plusieurs objectifs en même temps : elle pouvait désormais imposer son prix aux paysans satisfaits de la semence ; quant aux autres, qui n'avaient pas pu suffisamment payer Pioneer, on leur avait enlevé les outils et les animaux dont ils avaient besoin pour survivre. Pioneer Hi-Bred n'envisage certainement pas de gagner de l'argent avec des bêches et des charrues ; le plus important est sans doute d'être débarrassé de variétés traditionnelles de maïs éthiopiennes. Car voici l'attrait à long terme d'un engagement dans un pays aussi pauvre que l'Ethiopie : créer des dépendances dont il sera impossible de se défaire une fois que plus aucun paysan n'aura le savoir et les aptitudes nécessaires pour nourrir sa famille grâce à son travail et au produit des récoltes sur ses propres terres. Ce n'est pas le paysan en tant qu'individu qui est visé, mais l'économie éthiopienne tout entière, qui est basée sur l'agriculture. Poussons cette stratégie jusqu'au bout : si, dans le monde entier, plus aucun paysan n'est en mesure de produire ses propres semences, la politique de l'entreprise aura vraiment atteint son but. Ce n'est pas le petit paysan qui intéresse un grand groupe tel que Pioneer Hi-Bred. A la direction, personne ne se réjouit de la ruine d'un paysan éthiopien ou de ce que sa famille meurt de faim. Ces petits paysans sont juste un obstacle aux objectifs de l'entreprise. Dans un futur tel que l'envisagent les groupes semenciers Pioneer Hi-Bred et Monsanto, plus personne n'aura besoin de petits paysans. Leurs plans commerciaux prévoient de livrer leurs marchandises à de grandes unités. Moins il y aura de petits paysans autonomes derrière leur charrue dans un pays comme l'Ethiopie, plus il sera facile de réaliser ces visions. Car à long terme cela permettra aux groupes semenciers de dominer le marché et, en faisant disparaître les semences traditionnelles, de se rendre indispensables.

De plus, ils peuvent partir du principe que la population mondiale va continuer à augmenter, ce qui, partout dans le monde, accroîtra la production et la demande de semences.

La société DuPont, propriétaire de Pioneer Hi-Bred, est en train de placer les secteurs "biotechnologie", ou *life science** (comme s'ils avaient quelque chose à voir avec un régime macrobiotique ou consistaient à maintenir des vies humaines) au cœur de sa politique industrielle. Lorsque l'industrie crée de nouveaux mots, c'est qu'un bouleversement nous attend. Le concept de "technologie génétique verte*" ne promet lui non plus rien de bon.

DÉTRUIRE LES MARCHÉS AFRICAINS

Passons de l'Extrême-Est à l'Extrême-Ouest du continent africain. Sur une carte de Dakar, le marché Sandaga occupe plusieurs pâtés de maisons. En réalité, c'est une gigantesque pieuvre qui plonge ses tentacules dans la ville. Cela fait longtemps qu'un plan ne saurait montrer jusqu'où cette partie de la ville s'étend. Le marché central de la capitale du Sénégal est le plus grand d'Afrique de l'Ouest. Si on ne trouve pas quelque chose ici, pas la peine de le chercher ailleurs. On est déjà sur le marché Sandaga bien avant qu'apparaissent les premiers stands. Les articles trop lourds ou trop encombrants pour être transportés chaque jour jusqu'à un stand attendent leurs acheteurs dans des boutiques ou sur les trottoirs : c'est le cas des réfrigérateurs et téléviseurs, meubles et accessoires automobiles. Entre ces étalages qui occupent les trottoirs des rues larges et étroites, des gens ont installé des tables pliantes et vendent des chaussettes, des cravates ou des bijoux bon marché. C'est ici qu'attendent des "éclaireurs", qui proposent aux étrangers et aux touristes de leur servir de guide sur le marché. Ils ont évidemment des rendez-vous avec certains marchands, mais ce sont souvent des jeunes hommes sympathiques et cultivés, qui connaissent vraiment bien le marché.

L'immense cœur du marché est loin de n'être qu'une accumulation d'innombrables stands et baraques. Certains pâtés de maisons sont pleins de petites boutiques où on vend des épices ou des outils. Les voitures y circulent et il y a un grand arrêt de bus au milieu du marché. Des jeunes hommes vendent des vêtements, et on dirait que Tommy Hilfiger concentre sa production mondiale sur le Sénégal, tant on voit de T-shirts et de casquettes de cette marque sur les gens ou dans les stands. On trouve aussi régulièrement des baraques où on peut acheter CD et cassettes, la plupart d'entre elles étant des cassettes enregistrées avec une étiquette écrite à la main.

A midi, si on suit les habitués, on les verra peut-être disparaître derrière un tapis accroché à l'entrée d'une grande bâtisse en béton, d'où s'échappe une odeur de viande grillée. L'air est empli des odeurs de feu de bois, d'oignons et de piments rouges. Une douzaine de vastes stands, séparés les uns des autres par de vagues cloisons, invitent à prendre un repas sur le pouce. Devant les grils, des hommes de tout âge attendent que les clients leur montrent du doigt les brochettes de bœuf ou d'agneau prêtes à être dégustées. Bien qu'on se trouve vraiment au centre de Dakar, on ne voit presque pas de touristes européens.

Ils préfèrent les restaurants en plein air qu'on trouve aux entrées du marché.

Après avoir repris des forces, on peut observer en toute tranquillité les stands de fruits et légumes. On y trouve des mangues à côté des pommes de terre, des piments de différentes tailles à côté des pommes, des aubergines et des courgettes, peut-être aussi des haricots et, bien sûr, des bananes. On trouve donc des produits qui ne poussent que sous les tropiques, comme la mangue, qu'on ne parvient même pas à cultiver dans les serres européennes, le piment ou la banane, qui pousse toujours exclusivement sous le soleil tropical. Ces produits viennent donc du Sénégal. Les pommes de terre et les courgettes, en revanche, ne viennent en règle générale pas d'ici, même si de nombreux paysans sénégalais les cultivent. Ces marchandises-là viennent d'Europe. Les pommes aussi, mais c'est autre chose.

En dehors du vaste marché sont installés les gens qui viennent de la campagne. Ils étendent une étoffe sur le sol et vendent des tomates et des oignons, des piments, parfois aussi des pommes de terre. Ce sont les produits de leur récolte, et leurs prix sont bas, même pour le Sénégal. Pourtant, les paysans sénégalais ne sont pas compétitifs sur le marché Sandaga. "Sur le marché Sandaga, vous pouvez acheter des légumes européens, des fruits européens, des pommes de terre européennes pour un tiers des prix locaux, explique Jean Ziegler. 37 des 52 Etats africains sont des Etats presque exclusivement agricoles. Le dumping européen détruit leur agriculture. Un paysan sénégalais, même s'il travaille dix-huit heures par jour sous un soleil de plomb, en y mettant toutes ses forces, n'a plus aucune chance de s'en sortir. Qu'est-ce qu'il lui reste à faire ? S'il en a encore l'énergie, essayer d'émigrer, au péril de sa vie, en passant par le détroit de Gibraltar."

Outre les exportations de l'Union européenne qui privent les paysans d'Afrique de l'Ouest des recettes réalisées par la vente de légumes, un autre secteur, longtemps productif, s'est effondré. Depuis 2002, Washington accorde aux producteurs de coton du Sud des Etats-Unis cinq millions de dollars de subventions à l'exportation. C'est ainsi que ce qui était pour certains pays d'Afrique de l'Ouest la première matière exportée est devenue de moins en moins rentable, parce que son prix sur le marché mondial s'était effondré. Le Sénégal est touché, mais aussi ses voisins, le Mali, le Niger, le Burkina Faso et le Bénin.

Tous ces pays d'Afrique de l'Ouest sont liés à l'Union européenne par de multiples relations économiques réglementées par le vaste accord entre l'Europe et les pays ACP*. Ces trois lettres désignent les pays d'Afrique, des Caraïbes et du Pacifique – 79 pays différents, qui ont en commun d'être pauvres, et d'avoir été des colonies européennes. Les accords et leurs interprétations officielles insistent sur le fait que le commerce entre l'UE et les pays ACP est un partenariat juste, et que les pays du Sud bénéficient d'un traitement privilégié car on facilite l'établissement de leurs biens sur le marché européen. En contrepartie, les pays membres de l'Union ont la possibilité d'exporter des biens et, depuis quelques années, des services, dans les pays ACP.

La valeur des biens et services échangés entre les deux partenaires sur la base de cet accord est, pour les deux parties, de l'ordre de 50 milliards d'euros par an. Voilà qui a l'air juste : le fait que l'export vers l'Union européenne soit facilité permet à quelques-uns des pays les plus pauvres du monde d'avoir accès à l'économie internationale. Toutefois, en y regardant de plus près, un autre aspect apparaît. Les paysans européens ne sont pas payés par le marché, mais, par le biais de l'UE, par leur propre Etat.

Qu'il s'agisse de viande ou de légumes, les paysans produisent à un prix fixe, et l'Union européenne intervient chaque année pour acheter ce qui ne peut être vendu en Europe ou sur les marchés internationaux et s'occupe elle-même de la vente. C'est ainsi que des produits agricoles européens se retrouvent sur le marché à Dakar. Le prix que l'Union obtient pour ces produits lui est relativement égal. Ce qui est important, c'est de se débarrasser de montagnes de viande ou de légumes, et de l'excédent de lait. Elle peut donc baisser les prix autant qu'elle veut, et l'égalité prétendue des exportations n'est plus qu'une mascarade.

Les pays du Sud n'ont guère plus à offrir que des matières premières brutes. Ainsi, outre des biens précieux comme le coltan et les diamants, qui font encore l'objet de guerres classiques, on trouve surtout des fruits exotiques et des produits de base comme le café ou le cacao. La transformation* directe de ces produits sur place n'achoppe pas seulement sur des infrastructures locales insuffisantes, mais aussi sur des normes de production et de commerce qui rendent plus difficile l'importation dans l'Union européenne.

On bombarde tant et si bien les marchés d'Afrique de l'Ouest avec des marchandises bon marché, que la production locale de pommes de terre, et de plus en plus souvent de tomates, est anéantie. La pomme n'est pas concernée. Elle ne pousse pas sous le soleil brûlant du Sénégal ou du Togo. Par ailleurs, elle a été reléguée au cours des cinquante dernières années au rang de "fruit à cinq variétés", alors qu'il existe plusieurs centaines de variétés classiques de pommes. Mais ce fruit d'Europe occidentale a un autre problème. Son image de marque s'est considérablement dégradée. Finie l'époque où on mordait une pomme à belles dents dans une publicité pour un dentifrice, de même que celle où on lui attribuait des vertus curatives. En Europe, on produit beaucoup trop de pommes. C'est le cas notamment de la culture de fruits dans le Sud de la France, organisée sur le modèle andalou. Même chez les petits producteurs, les pommes restent dans les arbres, car cela fait bien longtemps que le public est habitué à manger des fruits qui ont fait un long voyage pour arriver jusqu'à lui. Tandis qu'en Europe les pommes pourrissent sur les arbres, on importe surtout des Golden Delicious et des Braeburn de Nouvelle-Zélande et du Chili. Même pour la production de jus, les ventes ne sont souvent plus rentables pour les paysans allemands. Cela fait longtemps que le jus d'orange a supplanté le jus de pomme. Voilà pourquoi on retrouve les pommes françaises, emballées par six, sur le marché Sandaga. Pour des pommes qui ont passé des semaines sous cellophane, par des températures qui, à midi, dépassent souvent les quarante degrés, elles ont étonnamment bonne mine.

LES PRINCIPES TRADITIONNELS DE L'AGRICULTURE

Cela fait quelque dix mille ans que les hommes cultivent la terre. Avant cela, ils cueillaient et récoltaient ce que la nature leur donnait. Ils allaient à la chasse ou à la pêche. Et lorsqu'ils en avaient assez d'une région – ou que la région en avait assez d'eux – ils allaient s'installer ailleurs. Se fixer durablement à un endroit et déclarer qu'une terre est la propriété d'une personne, d'une famille ou d'une communauté constitue un grand progrès de civilisation. Les efforts fournis par nos ancêtres étaient destinés à assurer une quantité suffisante de nourriture, et donc la survie de l'espèce. Pour cela, l'agriculture s'avérait idéale. Le droit de propriété provoquait certes des conflits lorsque deux individus ou deux groupes avaient des vues sur le même lopin de terre, mais l'idée de base était géniale.

Les paysans avaient toujours de quoi manger. Ils souffraient eux aussi du mauvais temps, de la sécheresse ou des fléaux, mais en principe produire les aliments soi-même était le moyen le plus sûr de nourrir sa famille. Voilà pourquoi ce système a eu autant de succès dans le monde entier. Pendant très longtemps, le mode de vie de la "campagne" a dominé dans toutes les régions du monde. L'invention de la "ville" n'a dans un premier temps pu rivaliser avec cette idée. Jusqu'à la révolution industrielle, les grandes cités étaient l'exception. Ce n'est qu'avec les processus d'accélération déclenchés par l'industrialisation et l'automatisation que les sociétés européennes se sont davantage organisées autour du partage du travail, et que la campagne est devenue le fournisseur d'aliments de la ville. Aujourd'hui, la majorité des gens habite dans les villes, et on serait en droit de supposer que les quelques paysans qui leur fournissent de quoi manger jouissent d'une grande considération et gagnent très bien leur vie. Or c'est tout le contraire.

L'Union européenne a bouleversé les principes traditionnels de l'agriculture. En Europe, un paysan ne peut guère vivre du produit de ses terres. Voici ce que Franz Epp, cultivateur de blé autrichien, nous dit de l'histoire de sa ferme : "Il y a une dizaine d'années, dans les environs, on avait 25 % d'exploitations en plus. Cela veut dire que depuis qu'on est entré dans l'Europe environ un quart des paysans ont abandonné l'agriculture pour se chercher un autre métier, ou sont partis à la retraite sans trouver personne pour reprendre l'exploitation. Quand je pense que mon père, quand il a repris la ferme, cultivait douze hectares et nourrissait sa famille sans problème, et que pour garder à peu près ce niveau de vie j'ai dû multiplier mon terrain par six, ça me fait réfléchir."

Dans un petit pays comme l'Autriche, ce sont chaque année 4 300 fermiers qui mettent la clé sous la porte. Il s'agit la plupart du temps de petites exploitations avalées par des concurrents plus gros. Car l'Union européenne ne mise que sur les grandes exploitations. Les quarante millions d'euros versés chaque année par Bruxelles aux caisses des paysans européens sont calculés à partir des surfaces exploitées, et non du rendement. Et, pour l'élevage, à partir du nombre d'animaux. Quant à la production, un contingent fixé à l'avance arrive sur le marché, et l'Union prend le reste. Si par hasard la récolte est particulièrement bonne, ou la production de lait ou de viande particulièrement importante, le paysan n'a pas besoin de faire cadeau du surplus à ses voisins. C'est là que l'UE procède à des achats d'intervention. Ces reprises et ces achats sont la base du commerce avec les pays ACP. Au lieu de détruire d'énormes quantités d'aliments, comme on le faisait dans les années 1980, l'Union mise aujourd'hui sur la vente à tout prix.

L'objectif en Europe est l'uniformisation de la production dans des exploitations aussi grandes que possible. 20 % des fermes touchent 80 % des moyens que l'Union met à disposition des exploitations agricoles. Les conséquences de l'agriculture industrielle sont connues : les sols sont empoisonnés par une fertilisation excessive, en particulier parce que les excréments des millions d'animaux de boucherie apportent à la terre des substances nutritives qu'elle n'est pas en mesure d'absorber. Les pesticides employés constituent une menace pour le sol, la récolte, les nappes phréatiques et les consommateurs. Sans oublier les animaux.

Le fait qu'il y ait de moins en moins d'animaux sauvages en Allemagne et que la diversité des espèces diminue n'est pas à mettre sur le compte de l'industrie qui, la plupart du temps, respecte son cahier des charges. L'époque où l'eau de fleuves comme le Rhin était ornée d'une mousse d'origine douteuse est révolue. L'industrie n'apparaît dans cette statistique qu'à hauteur de 3 %. Quant à la construction des routes, elle extermine certes régulièrement des populations de grenouilles et de hérissons, mais elle n'apparaît que pour 2 % dans ce calcul. C'est l'agriculture qui, avec ses effets directs et indirects, constitue la plus grande menace pour les animaux sauvages. Avec 78 %, elle occupe de loin la première place de la liste.

La préférence de la politique européenne pour les grandes exploitations correspond à une tendance mondiale. C'est déjà le cas depuis longtemps aux

Etats-Unis, et les grands groupes ont décidé qu'il en serait de même pour les pays du Sud, en particulier pour l'Afrique toute proche. D'un côté, on prépare des régions entières à la culture extensive de biens qui pourront être vendus tant dans les pays du Sud eux-mêmes qu'aux pays riches. Tôt ou tard, les nouvelles grandes exploitations des pays pauvres seront reprises par des grands groupes européens ou américains. De l'autre côté, l'anéantissement des moyens de survie des paysans d'Afrique de l'Ouest prépare le terrain de nouveaux marchés commerciaux, ce qui profitera aux entreprises européennes. Les marchés relativement stables des pays ACP leur permettront d'écouler sûrement la marchandise dont on n'a plus besoin en Europe.

Ces grandes unités vont également dans le sens des groupes semenciers, qui n'ont aucune envie de passer un contrat sur la vente de leur marchandise avec chaque petit paysan. La synchronisation totale de l'agriculture mondiale, voilà l'objectif des deux grands dans ce domaine, Pioneer Hi-Bred et Monsanto, qui, après le rachat de leurs principaux concurrents, peuvent être considérés comme les deux seuls *global players* dans cette branche. Les deux groupes se sont littéralement partagé le marché. Pioneer exploite le secteur des hybrides, et les méthodes qu'il emploie en Ethiopie sont un bon exemple de la politique de l'entreprise. Monsanto, quant à lui, est leader sur le marché des semences OGM. Là aussi, les produits les plus importants pour Monsanto sont les semences de plantes hybrides, la plupart du temps de maïs, de soja et de blé, trois plantes parmi les plus importantes, parce que faisant partie des produits agricoles les plus cultivés pour la transformation en produits alimentaires ou en fourrage. Aujourd'hui, 90 % des OGM vendus dans le monde sont produits et commercialisés par Monsanto. Le deuxième pilier de l'activité de Monsanto, c'est le dépôt de brevets*, en particulier sur des produits alimentaires de base cultivés depuis très longtemps. Ce procédé porte le nom de biopiraterie*. En 1997, la firme texane Rice-Tec a ainsi prétendu avoir inventé le riz basmati, et voulu faire protéger sa découverte par l'Office des brevets des Etats-Unis. Cette demande ayant été acceptée, les cultivateurs de riz indiens et pakistanais étaient sur le point de se changer en hors-la-loi la prochaine fois qu'ils sèmeraient leur riz basmati. Il a fallu attendre des semaines après la publication du brevet par l'office américain pour que le gouvernement indien intervienne, et, sous les yeux de l'opinion internationale, un tribunal américain a finalement annulé ce brevet. RiceTec vend désormais son invention en tant que *consumer product* sous le nom de "kasmati". Parmi les autres groupes qui se sont distingués dans l'art de déposer des brevets sur des produits alimentaires de base, on trouve le grand groupe européen Syngenta et la firme allemande Bayer, basée à Leverkusen.

Monsanto et ses filiales ont déjà déposé plus de mille brevets. Parmi eux, on trouve des croisements génétiques de toute sorte, mais aussi des bizarreries d'un genre inédit. La variété indienne de blé *nap hal*, à partir de laquelle on prépare, dans de nombreux foyers indiens, le *chapatti*, une sorte de pain qui ne lève pratiquement pas lors de sa cuisson, a fait l'objet d'un brevet déposé par Monsanto aux Etats-Unis, ce qui a amené le groupe à vouloir faire valoir ses prérogatives dans le monde entier. L'Inde n'a toutefois pas reconnu ce brevet, et l'Office européen des brevets a réfuté les exigences de Monsanto pour l'Union européenne. Aux Etats-Unis, en revanche, le brevet est toujours d'actualité. Si bien que les exportateurs indiens ne peuvent vendre aux Etats-Unis, et tout produit fini à partir de *nap hal* qui arriverait sur le territoire américain pourrait aussitôt être réclamé par Monsanto comme sa propriété.

La vente de semences constitue l'essentiel du commerce actif de Monsanto. Le groupe a des accords avec des partenaires dans le monde entier. "Il n'est pas d'exploitation agricole trop grande en Amérique du Nord, ni de ferme familiale trop petite en Afrique ou en Amérique du Sud pour que Monsanto ne s'y intéresse", écrit Greenpeace. L'organisation mondiale de défense de l'environnement décrit les objectifs de la firme : "Le groupe Monsanto, actif dans le monde entier, poursuit un but époustouflant : cette entreprise ne veut rien de moins que le contrôle total de l'agriculture mondiale – en Amérique du Nord comme en Europe, en Asie comme en Afrique et en Amérique du Sud."

L'histoire de Monsanto ne ressemble en rien à celle d'un groupe alimentaire typique. Fondée en 1901, l'entreprise a obtenu son premier grand succès en 1903, avec la saccharine, un édulcorant. Parmi les produits qui ont rapporté beaucoup d'argent à Monsanto, on trouve l'herbicide Lasso employé, sous le nom d'Agent orange, par l'armée américaine au Viêtnam. Depuis 1993, le Posilac (ou rBST), hormone de croissance bovine produite grâce au génie génétique*, faisait en sorte que les vaches produisent bien plus de lait que par le passé. Ce médicament provoquait toutefois des infections purulentes des pis, et les germes se retrouvaient dans le lait. Rien qu'aux Etats-Unis, plus de 1 300 paysans se sont plaints de conséquences graves pour les animaux. Monsanto a pu empêcher pendant plusieurs années la diffusion, par la chaîne de télévision Fox, d'un reportage édifiant sur le Posilac. Monsanto a également continué à fabriquer des produits contenant des PCB ou de la dioxine alors que l'entreprise était en possession de rapports faisant état des dommages causés par ces substances.

CONTRÔLER ET CONTAMINER

Une fois que Monsanto est présent sur un champ avec ses semences, voici sa stratégie : contrôler et contaminer ! L'interdiction d'utiliser la récolte pour semer la saison suivante est un élément essentiel du contrat que passe Monsanto avec les agriculteurs. La clause de propriété s'étend donc à la récolte, puisque le paysan ne peut plus disposer librement du produit de ce qu'il a planté. Le paysan doit également s'engager à garantir l'accès de ses champs aux contrôleurs de Monsanto. Une clause qui en dit long sur les relations entre le grand groupe et les exploitations agricoles – et notons que lorsqu'il s'agit d'envoyer sa police privée sur le champ de quelqu'un, y compris des paysans qui ne lui ont pas acheté de semences, Monsanto ne demande la permission à personne. Tous les contractants doivent accepter Saint Louis, Missouri, comme lieu de juridiction, et doivent donc s'attendre que les avocats de Monsanto connaissent les juges ; l'agriculteur qui n'a pas d'expérience dans ce domaine, lui, doit déjà trouver un soutien juridique contre le grand groupe dans la patrie de celui-ci. Ou plutôt *devrait*, car la grande majorité des paysans n'ose pas intenter de procès à Monsanto.

"Les avocats de Monsanto nieraient que l'entreprise a sciemment contaminé des régions entières avec ses semences génétiquement modifiées, écrit Greenpeace. Le fait est qu'une telle contamination a vraiment lieu, et prend des proportions dramatiques ; cela concerne pour l'instant surtout l'Amérique du Nord et du Sud." On ne peut empêcher le pollen, même génétiquement modifié, de se promener dans l'air. Or pour Monsanto, cela signifie que tout croisement apparaissant sur le champ de non-contractants devient automatiquement la propriété de Monsanto. Le procès contre Percy Schmeiser, cultivateur canadien de colza, est aujourd'hui légendaire. 1998 : les détectives de l'entreprise affirment avoir découvert, parmi les semences de Schmeiser, des graines présentant les propriétés des semences de colza transgéniques* de Monsanto. L'entreprise intente un procès à Schmeiser ; elle affirme que l'agriculteur s'est procuré les semences de façon illégale, qu'il les a peut-être volées dans un hangar de l'entreprise. Par la suite, les représentants de l'entreprise sont contraints d'avouer qu'ils n'ont en fait trouvé que quelques plantes suspectes dans un fossé délimitant les terres de Schmeiser, arrivées là par pollinisation. Le juge canadien donne malgré tout raison à Monsanto, et déclare l'ensemble des semences propriété de Monsanto. Cette dispute juridique a révélé d'intéressants détails. Monsanto fait chanter les paysans : l'entreprise leur envoie des lettres affirmant qu'elle peut prouver la présence sur le champ de la personne concernée de semences appartenant à Monsanto, et que cela pourrait leur coûter entre 100 000 et 150 000 dollars de dommages et intérêts. On dit que certains paysans, qui avaient peur d'un procès, ont préféré payer. Selon Schmeiser, tous les confrères qui ont témoigné en sa faveur au procès ont reçu ce genre de lettres. Au printemps 2004, le jugement contre Schmeiser a été confirmé en dernière instance. On l'a toutefois dispensé de payer toutes les amendes et les frais de tribunal – plusieurs centaines de milliers de dollars au total. Les observateurs ont considéré qu'il s'agissait là d'un aveu indirect de l'illégalité de la démarche de Monsanto, à qui ils continuaient cependant de donner raison dans cette affaire. Juste après le jugement en première instance, Dale Adolphe, président de la Canadian Seed Growers Association, avait déjà résumé le problème et sa solution en une seule phrase : "Partout dans le monde, il y a une telle résistance contre l'arrivée de n'importe quelle plante génétiquement modifiée que le seul moyen de progresser, c'est de pratiquer la contamination."

Retournons au supermarché. La lumière est toujours dorée, les marchandises toutes pimpantes après le passage du vaporisateur. Dans cette mise en scène, tout en haut, on trouve six sortes différentes de tomates, de la tomate cerise à la grosse tomate qui finit toujours en tranches dans les salades des restaurants. La tomate est le symbole d'une production de légumes moderne, de l'homme moderne qui fait attention à lui, qui a choisi les légumes, la salade. Elle est toujours là, toujours bien rouge, ferme la plupart du temps, alors qu'à l'origine ce fruit était sans doute très fragile. En revanche, elle n'a souvent aucun goût. La variété typique de la satisfaction de besoins européens raffinés est la tomate en grappes, qui doit donner l'impression de venir d'être cueillie et exprime ainsi ce reste de lien à la nature qui plaît tant à l'habitant moderne des grandes villes. Et si elle n'a pas beaucoup, ou pas du tout de goût, elle sent bon la tomate en grappes. Les créateurs de tomates y ont évidemment apporté tout leur soin. Tout en bas, où les marchandises sont les moins chères, on trouve entre oignons et pommes de terre une septième variété de tomates. Ce sont des tomates toutes pâles, vendues en filets de 500 grammes. Il leur manque même la couleur rouge, pourtant décisive pour la vente de ces fruits. Leur couleur oscille entre le très pâle et l'orange, et si on en coupe une en deux, le spectacle qui s'offre à nous est souvent peu ragoûtant. On y voit des grains noirs à côté des habituels grains blancs. Ils sont plus repoussants que dangereux. Il s'agit des graines qui ne se sont pas développées complètement dans la tomate. On peut les manger sans aucun risque, si tant est qu'on veuille absolument manger cette tomate. Ce à quoi Frank Daschner, médecin spécialiste de l'environnement à Fribourg, objecte la chose suivante : "Etant donné que souvent les tomates produites en serres ne poussent plus dans la terre, d'où leur viendrait leur goût, mais sur un mélange fait de différentes fibres et solutions nutritives, où les bactéries se multiplient formidablement bien, une seule tomate peut contenir des milliers de bactéries potentiellement dangereuses pour des patients aux défenses immunitaires faibles. Cela fait longtemps que les tomates sont interdites aux patients qui viennent dans notre clinique pour une greffe de moelle épinière."

Revenons sur les contrastes les plus évidents : dans une Afrique essentiellement pauvre, les paysans ne sont pas sûrs de pouvoir survivre grâce au produit de leur travail, leur récolte. Ce sont encore ceux qui produisent pour leurs propres besoins et pour vendre sur le petit marché local qui ont le plus de chances d'échapper à la faim. Ceux qui cultivent des produits bruts pour une coopérative ou une association supra-régionale et qui sont destinés au marché international, qu'il s'agisse de maïs ou de cacao, de coton ou de cacahuètes, risquent rapidement de se voir privés de l'essentiel de leurs revenus annuels lorsque, par exemple, des groupes d'intérêt font baisser le prix d'une céréale à la bourse agricole de Chicago. Aucune aide de l'Etat ne viendra compenser ces pertes. La terrible vérité est qu'au XXI siècle ce sont précisément les paysans et leurs familles qui sont victimes de la faim.

II

LE PAIN

Soja*, pain invendu et soie de porc

Les étalages sont remplis de miches de pain. Gâteaux et autres douceurs attendent les clients derrière le comptoir. Mais personne n'est venu pour cela. La boulangerie est pleine à craquer. La plupart des gens patientent déjà depuis quelques minutes, car il n'y a plus de petits pains. L'odeur chaude de la fournée suivante, qui vient de sortir du four, toute croustillante, s'échappe du fournil. Cela ne peut plus durer bien longtemps. Enfin, le boulanger sort de son fournil avec un grand panier rempli de petits pains tout frais. Il salue ses clients et déverse la marchandise tant convoitée dans un autre panier, en dessous du pain. Le boulanger a des cernes, il ne dort pas beaucoup. Il se lève tôt et, le soir, il a souvent du mal à trouver le sommeil rapidement. On voit à ses traits que cette nuit, comme tous les jours, il s'est extirpé de son lit un peu avant deux heures.

Répondez franchement : quand avez-vous assisté à une scène de ce genre pour la dernière fois ? Si cela ne fait pas trop longtemps, c'est que vous avez dû lire une histoire à vos enfants : dans les livres pour enfants, on donne une image des métiers artisanaux traditionnels qui ne correspond plus à la réalité depuis belle lurette. Le boulanger y est le même qu'au milieu du siècle dernier – même chose pour sa boulangerie. Or tout cela n'existe plus. En Allemagne et en Autriche, les grandes chaînes et les boulangeries libres-services se sont imposées, et de plus en plus souvent le personnel de caisse de ces discounters n'a plus qu'à sortir à temps le pain précuit du four. Quant aux dernières boulangeries de village, elles n'ont pu résister à la concurrence des filiales qui occupent un bout de l'entrée de l'hypermarché construit en pleine campagne. Cet artisanat n'est plus perpétué que par quelques irréductibles, qui parviennent à se maintenir grâce à un bon marketing ou des produits vraiment excellents. A côté de cela, il y a aussi quelques magasins spécialisés qui misent sur les produits écologiques. Même s'ils ressemblent de plus en plus à des supermarchés et que leur assortiment est le même partout.

Au cours des dernières années, la confection du pain est devenue une affaire industrielle. Cet artisanat ressemble donc maintenant à tout autre secteur de la fabrication de produits alimentaires. Très souvent, les petits commerçants et artisans ont dû mettre la clé sous la porte, parce que les prix pratiqués par les supermarchés et les discounters représentaient une concurrence trop forte. Il faut dire aussi que les besoins ont changé. Si, dans la boulangerie d'autrefois, il y avait les petits pains du matin et les petits pains du soir, et qu'on vendait donc des produits tout frais deux fois par jour, de nos jours les petits pains doivent sortir du four toutes les vingt minutes pour que le client les juge frais. Cela a été rendu possible par une levure d'un genre nouveau, capable de réaliser ce qui était impensable jusqu'alors. Cette levure, dans les boules de pâtes précuites, peut en effet être congelée, et les petits pains, en fonction des besoins, stockés ou décongelés puis passés au four. C'est la "biotechnologie" qui permet à la levure de réaliser cette performance. Voilà le nom que donne l'industrie à la manipulation du patrimoine génétique. Jusqu'au milieu des années 1990, une boule de pâte déjà mise en forme pour devenir un petit pain n'aurait pas survécu à la congélation. Aujourd'hui, la boule de pâte surgelée constitue la base de l'industrie moderne du pain. Sur le plan technique, il s'agit certainement d'un progrès, mais il n'a pas donné de travail à plus de gens, ni résolu un problème de famine quelque part dans le monde.

Les quelque 85 kilos de pain et de petits pains consommés par personne chaque année en Allemagne sortent la plupart du temps tout prêts d'une usine. En Hongrie, par exemple, sont réunies les matières premières et la main-d'œuvre bon marché nécessaires à la fabrication de tels produits, qui sont ensuite acheminés vers l'Europe occidentale en respectant la chaîne du froid. Même la plupart des boulangeries classiques sont aujourd'hui livrées par les grandes unités de production industrielles où, depuis le pain complet jusqu'au croissant, on fabrique tout ce qu'en Allemagne on aime accompagner de charcuterie, fromage et confiture. Désormais, en Allemagne, seuls 40 % des produits sont vendus à un comptoir. Dans plus de la moitié des magasins, des rayons ou *shops-in-shops*, on n'a plus besoin de personnel pour s'occuper de la vente. Le client se sert lui-même sur le présentoir et dépose ses articles dans son caddie ; parfois, il scanne lui-même le prix à la caisse. Cela reflète tout à fait ce qui se passe dans la production : là où des mains humaines mélangeaient autrefois la pâte avant de la pétrir et de former les miches de pain, tout se passe aujourd'hui sur une chaîne de production entièrement automatisée. Dans un processus contrôlé par un ordinateur, les ingrédients de la pâte sont versés dans une cuve et mélangés. Cela donne un immense pâton placé sur un tapis roulant, puis découpé en portions déposées sur des plaques de cuisson ou dans des moules, comme c'est le cas pour le pain de mie.

La production industrielle des aliments n'est pas foncièrement mauvaise. Cela fait bien longtemps que les sociétés basées sur le partage du travail comme le sont les Etats de l'Union européenne ne peuvent plus être nourries par de sympathiques petites manufactures. Mais à ce type de fabrication correspond un système de distribution de plus en plus concentré, avec de moins en moins d'unités de production et des supermarchés de plus en plus grands. Et le système de production qui en découle n'a pas pour objectif principal l'amélioration du produit, mais la réduction des coûts et la simplification des processus de fabrication, ce qui signifie une diminution des frais engagés et va souvent de pair avec une réduction radicale des effectifs.

Pour le public cible, désigné sous le nom de consommateurs, la production industrielle des aliments présente quelques avantages inédits. La nourriture qui sort de l'usine est livrée dans des grandes surfaces toutes proches ; nombre des articles qu'on y achète se gardent presque indéfiniment ; la production de masse fait baisser le prix des produits, comparé du moins aux articles concurrents confectionnés artisanalement. Les prix pratiqués dans le commerce de détail sont toutefois rarement transparents. De nombreux produits très faciles à fabriquer et qui coûtent très peu d'argent au fabricant sont vendus à des prix plusieurs fois supérieurs à ce qu'ils devraient être. Nombreux sont les consommateurs qui considèrent comme un avantage inédit le fait que les produits industriels aient toujours exactement le même goût – tant qu'il n'y a pas eu de couac dans la production.

Prenons l'exemple du pain de mie. Si on jette un œil sur la liste des ingrédients du pain fabriqué industriellement, on voit clairement apparaître les stratégies de l'industrie. La Stiftung Warentest, l'Institut de la consommation allemand, nous dit qu'un pain sur trois vendus en supermarché l'est dans la catégorie "pain de mie". Pour confectionner un pain de mie, on n'a besoin que de farine, d'eau, de levure et de sel – on peut bien sûr ajouter du beurre pour lui donner du goût ou diverses céréales ou graines pour augmenter la résistance que le pain offre aux dents. Le pain de mie du supermarché est bourré d'ingrédients dont beaucoup n'ont pas grand-chose à faire là, et quelques-uns absolument rien. Le sucre est le plus absurde d'entre eux, mais il est très apprécié de l'industrie pour masquer les déficits de goût. Dans certains pains de mie, on trouve même plus de sucre que de sel. S'il y a du sirop de glucose dans le pain de mie, il s'agit sans aucun doute d'un pain de mie complet ou aux trois céréales. Ce sirop est plutôt inoffensif, il est employé pour donner une certaine coloration au pain. Beaucoup de petits boulangers l'utilisent aussi depuis longtemps pour donner sa couleur sombre au pain de seigle – qui contient tout au plus 20 % de seigle. Cela n'a rien à voir avec la couleur de cette céréale, mais qui sait encore à quoi ressemble un vrai pain au seigle ? Avec l'industrialisation de la production des aliments, de nombreuses connaissances sur la nourriture, son origine et sa culture se sont perdues. Dans certains pains de mie, on trouve aussi de la poudre de petit-lait, un déchet de la production du lait.

La farine de soja est un autre ingrédient que l'on retrouve souvent dans le pain de mie. De nos jours, 60 % du soja cultivé dans le monde sont génétiquement modifiés, ce qui, en Europe, peut tout à fait avoir une influence négative sur les ventes. En Allemagne, les ingrédients manipulés génétiquement doivent être signalés sur l'emballage. Depuis que Nestlé, en hiver 1998, a fait un essai, suivi avec beaucoup d'intérêt par l'ensemble du secteur, avec une barre chocolatée du nom de Butterfinger, dont l'emballage comportait une étiquette bien visible annonçant la présence d'ingrédients manipulés génétiquement, les produits portant ce genre de label sont considérés comme invendables en Allemagne.

En conséquence, on ne trouve sur aucun pain de mie l'allusion à la manipulation génétique du soja, dont la farine est utilisée pour la fabrication de ce pain. C'est pour le moins étrange, car le Naturschutzbund Deutschland, l'Association allemande de protection de la nature, a mis les choses au clair en 2005 : la quasi-totalité du soja commercialisé en Allemagne est vendue comme une marchandise génétiquement modifiée. "Même le soja qui n'est pas issu de cultures OGM est vendu ici comme s'il l'était. Tous les sacs portent la mention «produit à partir de fèves de soja génétiquement modifiées». C'est un moyen pour les grossistes de se protéger des revendications basées sur un droit de recours et d'éviter des analyses longues et coûteuses." Au vu de cette pratique, il est peu probable que les grandes boulangeries achètent du soja sans OGM pour fabriquer leurs pains de mie. Le contraire n'est du moins mentionné nulle part. Le même problème se pose avec la lécithine de soja, un émulsifiant présent dans de nombreux pains. L'émulsifiant est un petit adjuvant technique qui permet de lier deux ingrédients normalement impossibles à mélanger : l'eau et l'huile. Comme son nom l'indique, la lécithine de soja est également extraite du soja. Jeter un œil sur les listes d'ingrédients de produits alimentaires industriels vaut toujours le coup, surtout lorsqu'on a la patience de les déchiffrer. Malgré tout, certaines choses peuvent rester dans l'ombre, comme le montre l'exemple que nous venons d'évoquer.

Au cours des dernières années, la frontière entre artisanat et production industrielle est devenue de plus en plus floue. Tout comme l'industrie, de nombreux petits boulangers se font livrer par les grands moulins des mélanges prêts à l'emploi, qui portent déjà le nom de "pain mixte" ou "pain *fitness*" et pensent à la place du boulanger. Les spécialistes de l'industrie chimique font en sorte que ces mélanges contiennent d'importants additifs. Outre les émulsifiants, on trouve différentes levures chimiques, qui agissent sur deux aspects particulièrement importants : la fermeté et la souplesse de la pâte. Pour que la pâte monte bien, presque tous les mélanges qui sortent des moulins contiennent de l'acide ascorbique (vitamine C), un allergène pour beaucoup de gens. La loi interdit aujourd'hui le recours à la cystéine produite à partir de cheveux humains chinois. Cet agent de maturation de la farine est d'une aide précieuse dans le fournil car il empêche la pâte de retomber. Il permet de prévoir assez précisément la taille des petites préparations, du gâteau sec au petit pain. Une fois préparée, la pâte ne retombe pas comme un soufflé. La cystéine permet en outre de travailler une pâte qui, en fait, est déjà trop vieille et bonne à jeter. De nos jours, heureusement, on peut produire la cystéine à partir de soie de porc.

Le pain est l'aliment le plus directement menacé par la part grandissante des matières premières manipulées génétiquement. "Cela fait quinze ans qu'on consomme des aliments génétiquement modifiés aux Etats-Unis, et ça n'a jamais rendu personne malade. Pourtant, en Europe, on a très peur qu'il nous arrive malheur. Là aussi, c'est plus de l'hypocrisie qu'autre chose", déclare Peter Brabeck-Letmathe, le chef de Nestlé. Il exprime ici un souhait de l'industrie alimentaire, car dans la plupart des Etats européens il y a un consensus assez large (même si ce mouvement n'a pas la même vigueur partout) contre les aliments génétiquement modifiés et on organise dans ce domaine des campagnes d'action de toutes sortes.

Le retrait du Butterfinger de Nestlé en Allemagne a été provoqué par des actions très simples. Des milliers de cartes postales ont été envoyées aux grands groupes concernés, qui en ont un jour eu assez. En tout cas, pour l'instant, les aliments contenant des ingrédients génétiquement modifiés présentés en tant que tels sur les emballages ne se vendent pas. Peut-être que Brabeck-Letmathe a raison quand il dit que quinze ans d'aliments génétiquement modifiés aux Etats-Unis n'ont jamais rendu personne malade. Mais il ne peut pas le prouver. Aux Etats-Unis, ce sont près de 20 % de la population qui meurent des suites d'une mauvaise alimentation associée à un manque d'exercice physique. L'Organisation mondiale de la santé effectue en permanence des travaux de recherche pour trouver les maladies qui pourraient être causées par une mauvaise alimentation. Cela concerne surtout les plus pauvres d'entre nous, qui sont davantage obligés d'acheter des aliments produits en masse. Et c'est bien là que l'industrie commence à manipuler génétiquement les ingrédients, en particulier le maïs, le blé et le soja.

Le projet d'harmonisation des directives bio par la Commission européenne sera bientôt concrétisé. A long terme, la directive sur les denrées alimentaires biologiques, appliquée à tous les membres de l'Union européenne, va rendre caducs les engagements pris par les producteurs d'aliments biologiques eux-mêmes.

Bientôt, les produits étiquetés "bio" ne le seront plus forcément. L'UE ne subit pas seulement la pression de ses propres grands groupes alimentaires. La pression vient surtout des Etats-Unis – pas directement, mais par le biais de l'industrie automobile européenne. Car elle est confrontée à la menace suivante : les Etats-Unis entendent taxer les voitures européennes à l'importation si l'Union persiste dans son refus de laisser entrer sur ses marchés les produits chimiques américains déguisés en produits agricoles. La pression qu'exercent à leur tour les constructeurs automobiles sur les gouvernements européens devrait peser encore un peu plus lourd que celle des associations de viticulteurs européens au moment où les Etats-Unis ont tenté d'imposer leurs vins frelatés en Europe. Ce qui paraît absurde au premier abord est en fait logique. Eux aussi veulent absolument exporter vers ce pays qui est le premier acheteur de vin au monde.

En Allemagne et en Italie, des expériences réalisées sur des souris ont montré que la consommation de maïs génétiquement modifié altérait leur patrimoine génétique. Cela ne veut pas forcément dire qu'il est nuisible pour l'homme de manger du pain de mie dont la farine contient du soja génétiquement modifié. Mais il n'est toujours pas prouvé que la consommation d'OGM n'est pas mauvaise pour la santé. Pour le savoir, il faudrait sans doute faire des études sur plusieurs générations. Voilà qui est un autre problème. Un système économique basé sur les dettes, les intérêts et une croissance économique permanente ne permet pas de penser en termes aussi longs. Les innovations doivent être mises sur le marché immédiatement, pour qu'on puisse augmenter les marges et amortir les coûts de développement aussi vite que possible.

Pour l'instant, les craintes de l'Union européenne concernant les dangers d'une alimentation génétiquement modifiée sont encore très centrées sur elle-même, sur les dangers pour l'Europe et pour les ventres européens. Pourtant, les habitants d'autres régions du monde sont largement plus concernés par les efforts que font l'industrie et la recherche pour uniformiser la production alimentaire mondiale. Le fait que la culture du maïs au Mexique ou en Ethiopie ait en grande partie été détruite par le recours à des semences génétiquement modifiées ou hybrides a privé un grand nombre de gens de la base de leur alimentation. Là où poussait autrefois un maïs représentatif de toute la diversité de cette plante, comme au Mexique par exemple, la concurrence génétiquement modifiée plantée délibérément occupe aujourd'hui de plus en plus de place, et se croise où elle le peut avec la plante d'origine pour la faire disparaître. Et les champs de maïs déjà peu fertiles d'Ethiopie ne donnent plus de nourriture sous forme de semences depuis qu'on y plante des hybrides, car ces organismes ne donnent pas de bonnes semences.

La collaboration entre les groupes semenciers et les multinationales de l'alimentation nous donne cependant encore une autre raison de nous méfier. Au cours des dernières années, les leaders du secteur de la semence, Pioneer Hi-Bred et Monsanto, ont privé beaucoup de gens de leurs moyens d'existence, tant matériels que physiques. Si cela ne s'est produit jusqu'ici que dans les pays pauvres, cela ne veut pas dire qu'il en sera toujours ainsi. Il en est de même pour le plus grand groupe alimentaire au monde, Nestlé. Les actions de boycott qui ont été lancées contre le groupe du lac Léman étaient une réaction à la mort de plusieurs milliers de tout jeunes enfants à la suite de l'absorption de lait en poudre Nestlé mélangé à de l'eau sale. Le grand groupe, avec l'aide de campagnes publicitaires raffinées et l'intervention de médecins qui ont sans doute retiré quelque avantage matériel de cette affaire, avait convaincu de nombreuses femmes, au lieu d'allaiter, de nourrir leurs bébés avec du lait en poudre Nestlé dissous dans une eau sale et toxique. Nous pouvons supposer sans crainte de nous tromper qu'aucun grand groupe alimentaire n'a intérêt à tuer par milliers les consommateurs fortunés des pays industrialisés avec ses produits. Car sa richesse vient de l'argent de ces consommateurs. Mais à l'inverse il nous faut également partir du principe que tous les grands groupes sont prêts à risquer la mort de nombreuses personnes dans ces régions-là aussi, à court, moyen ou long terme, s'ils peuvent augmenter leur chiffre d'affaires.

C'est une invention qui a rendu possible la concentration de la production du pain, celle d'une levure qui peut être congelée sans dommage. Cela ne paraît pas très spectaculaire, mais cette bagatelle est pour beaucoup dans la situation que nous connaissons aujourd'hui. Seuls un quart des pains et gâteaux sont encore vendus dans des boulangeries classiques, où le fournil se trouve juste derrière le comptoir. Les grandes boulangeries, qui se définissent elles-mêmes en tant que telles à partir de vingt filiales, ainsi que les boulangeries libres-services et les discounters qui mettent le pain précuit au four vendent déjà plus de deux tiers des produits. La levure congelable a commencé par révolutionner le quotidien des boulangers. Plus besoin d'accomplir chaque jour sa corvée matinale pour que leurs congénères trouvent leurs petits pains dans leur panier à temps pour leur petit-déjeuner. Tout, absolument tout pouvait soudain être préparé à l'avance, du petit pain normal à celui au pavot. Le petit boulanger y gagnait nettement en qualité de vie. Il ne se doutait pas que cette évolution signait aussi l'arrêt de mort de sa profession. Les chaînes de boulangeries existantes ont utilisé cette belle invention pour rationaliser l'organisation de leur infrastructure, et ont préparé l'apparition d'ingénieux entrepreneurs, comme Kamps, en Rhénanie, dont les filiales, qui se sont répandues dans toute l'Allemagne, s'emparent souvent de leurs clients respectifs. Le principe de la franchise était simple. Une grande boulangerie de la région livrait à la filiale pain et articles un peu plus compliqués à fabriquer, tandis que le gérant, qui n'était souvent pas du métier, devait cuire lui-même les petits pains et les pâtisseries. On lui fournissait les articles congelés, puisque la nouvelle levure le permettait. Cette évolution de la levure a fait entrer Kamps en bourse, et l'argent gagné lui a permis de racheter de grandes boulangeries, jusqu'à ce que cette entreprise à la croissance rapide soit elle-même avalée par le géant des pâtes italien Barilla.

Mais cette évolution n'était pas encore terminée. A vrai dire, l'industrialisation des boulangeries ne faisait que commencer. L'étape suivante consistait à vendre un assortiment préparé exclusivement à partir de produits semi-finis. Aujourd'hui, les filiales libres-services et les fours des discounters ont toute une palette de produits qui viennent souvent d'usines d'Europe de l'Est, car cela permet de faire des économies sur les salaires. Au vu des possibilités qu'offre cette nouvelle technique, il est assez audacieux de parler de petits pains frais. Car la seule chose claire, aujourd'hui, c'est que dans une grande partie des magasins qui vendent du pain il ne s'agit pas d'un produit confectionné le matin même par un boulanger. Pour un public habitué à se nourrir de produits surgelés, ce n'est pas vraiment grave, mais on pourrait l'indiquer à la clientèle. "Ces petits pains ont été produits en Roumanie il y a quatre mois" serait peut-être un moyen de le faire. Et ceci n'est en rien une critique contre le pain roumain.

Le diktat de la fraîcheur règne depuis que l'on sort à longueur de journée des marchandises du four. Il faut que cela fume, que cela sente bon. Tout se passe comme si on se fichait de l'âge réel de la marchandise, ou de ce que la croûte s'émiette parce qu'il s'agit d'un produit qui a été congelé. Pour les responsables des grands groupes, des petits pains qui attendent depuis plus de vingt minutes sont déjà considérés comme trop vieux pour être vendus. Ce diktat de la fraîcheur est donc créé avec des produits semi-finis fabriqués ou achetés le moins cher possible. Malgré cela, dans les nombreuses filiales de cette industrie, pain, petits pains et autres coûtent relativement cher. Car la prétendue fraîcheur engloutit d'énormes quantités d'énergie : outre le transport, les chaînes de boulangeries typiques, avec leur mélange de produits livrés tout prêts ou cuits sur place, produisent une montagne de déchets gigantesque. En douce, on parle de 20 à 25 % de produits mis au rebut. Le patron d'une grande boulangerie viennoise parle ouvertement de 10 %, et on peut estimer à partir de ce chiffre que dans la capitale autrichienne on jette chaque jour la même quantité de pain que consomme quotidiennement Graz, la deuxième ville du pays. Seule une partie de ces déchets est donnée aux cochons, tout le reste prend le chemin de la décharge ou des incinérateurs d'ordures.

Notons que les grands groupes récupèrent leur marchandise invendue dans les supermarchés et discounters : le camion ne repart donc pas vide. Ce pain, comme les gâteaux et autres pâtisseries, la loi les définit comme étant des déchets, l'entreprise ne doit donc en aucun cas le remettre dans le circuit. Seul le petit boulanger dont le pain n'a pas quitté la boutique en a le droit. Cela n'est valable que pour certaines sortes de pain, à haute teneur en seigle, et la part de pain recyclé ne peut atteindre que 10 %.

Finie l'époque où les boulangeries devaient lutter contre les rats ou les cafards, et où le bruit courait que chez tel boulanger la tante d'un ami avait trouvé une queue de souris dans son pain. De ce point de vue-là, ce qui est dans le pain est aseptisé, mais les dangers que les nouveaux aliments représentent pour notre santé sont peut-être bien plus inquiétants.

III

LE LAIT

*Vaches dopées, puissance des grands groupes
et superbactéries*

Le lait est foncièrement bon. Il nourrit les petits enfants et les bébés animaux qui sont si mignons. Le lait est un bien culturel d'une importance inédite, et cela ne vaut pas seulement pour le lait de vache. On trait également volontiers ânesses, chèvres et brebis. Le lait est présent dans d'innombrables plats et aliments et, ainsi, dans de nombreuses sociétés à travers le monde. Les produits dérivés du lait sont eux aussi très nombreux. Rien qu'en Europe, on trouve plusieurs milliers de sortes de fromage.

Promenons-nous à la montagne, disons en Bavière, quelque part dans le Sud-Est de ce land allemand. Loin du vacarme de la grande ville, l'herbe est grasse, les vaches sont heureuses. Le clocher du village voisin semble nous saluer. Dans le lointain on entend le bruit d'un tracteur. Tous les matins, le paysan va traire ses vaches, et ses enfants boivent ce lait tout frais au petit-déjeuner. Ce qu'il n'utilise pas pour sa famille, une camionnette de la coopérative locale vient le chercher une heure plus tard, et l'apporte à la laiterie la plus proche, derrière l'église. Comme cela, tout le monde en profite, car le lait est bon pour la santé, tout comme ce qu'on fait à partir du lait, comme le yaourt, le fromage et les produits de la même famille.

Ces petites exploitations existent encore, mais elles sont l'exception. Plus les conditions locales sont difficiles, plus les montagnes sont abruptes et l'organisation décentralisée, plus cette image s'approche de la réalité. En Autriche, après la Seconde Guerre mondiale, les paysans ont fait un pacte pour se répartir les deux branches traditionnelles de l'agriculture, la culture des champs et l'élevage. Les plaines de l'Est ont repris la culture des fruits et légumes, et les collègues aux terres plus escarpées se sont désormais occupés des vaches et de leur lait. En Suisse aussi, on trouve encore de nombreux alpages, et les vaches se nourrissent avant tout de l'herbe qu'elles y paissent. Il s'agit là d'une condition *sine qua non* de la fabrication de l'appenzell, pour lequel on ne saurait utiliser un autre lait que celui de ces vaches.

Le lait est un sujet tabou. Car il nourrit nos enfants. Pour qui nous ne voulons naturellement que le meilleur. Et on n'ajoute rien au lait, il est toujours pur, et bon en lui-même. Dans une publicité, le recours au concept du lait permet d'anoblir le produit qui lui est associé. On y voit souvent une jarre de lait, c'est un cliché très apprécié. Les innombrables produits de Ferrero vendus sous la marque Kinder, avec l'équivalent d'"un grand verre de lait", ne sont qu'un exemple particulièrement évident.

Matthias Wolfschmidt, de l'association de défense des consommateurs Foodwatch, écrivait en 2004 dans le journal *Das Parlament* : "Le «grand verre de lait» que contiennent prétendument ces «barres au lait Kinder» s'avère être un mélange de lait en poudre, de beurre, d'additifs, d'émulsifiants et d'arômes artificiels, sans oublier d'inquiétants colorants et conservateurs. Sur l'emballage, la teneur en sucre est habilement dissimulée derrière la formule «Glucides». Pour couvrir ses besoins journaliers en calcium, un enfant de neuf ans devrait manger 17 barres au lait – et absorberait ainsi 40 morceaux de sucre et une demi-plaquette de beurre !"

Le lait a été relativement épargné par les habituels scandales alimentaires. Dans les années 1970, on avait tout de même retrouvé le pesticide Lindan, aujourd'hui interdit, dans le lait du land de Rhénanie-Palatinat, puis, près de Düsseldorf, de la mort-aux-rats et du thallium, un métal très dangereux, dans des stocks de lait. Le prix de la charcuterie peut être un indice de ce que sa production n'est pas toujours irréprochable. De même, on se doute que le vin rouge d'Espagne gran reserva n'a pas été vieilli deux ans en fût. Les 3,49 euros que coûtait jusqu'en novembre 2005 un vin de 1998 frelaté à la glycérine dans les discounters Penny-Markt, du grand groupe Rewe, auraient bien eu du mal à couvrir les coûts d'une telle procédure. Le lait soulève une question semblable : les 55 cents que coûte, dans de nombreux supermarchés, un litre de lait frais ou longue conservation couvrent-ils vraiment les frais de production ? Plus ceux qu'occasionnent le transport, la transformation et la distribution ?

En règle générale, ceux qui ont réduit ou stoppé leur consommation de viande et de charcuterie parce qu'ils n'avaient plus confiance continuent tranquillement à acheter beurre, fromage blanc et fromage. Pourtant, le lait est tout autant impliqué dans les processus de production industriels que la viande, les fruits ou les légumes. Quand on sait dans quelles conditions sont produites les tomates qu'on trouve au supermarché, et à quoi ressemble l'élevage pour la production d'œufs et de viande, on peut se douter que la production du lait est placée sous les mêmes augures. Cela fait bien longtemps que l'immense majorité des vaches laitières ne sont plus heureuses, mais qu'elles sont entassées dans une étable comme les poules dont on attend qu'elles pondent un œuf par jour. La vache heureuse de la préhistoire de l'agriculture donnait 5 000 litres de lait au cours de sa vie, avant d'être abattue et transformée en saucisses par le paysan. Aujourd'hui, il n'est pas rare qu'une bête donne 15 000 litres. Les dégradations écologiques provoquées par les millions de bovins allemands ne sont pas uniquement le fait de la production de viande.

Il est intéressant d'observer les efforts déployés par le groupe américain Monsanto pour empêcher que les effets d'une de leurs hormones bovines ne soient rendus publics. La rBST, produit du génie génétique, est utilisée aux Etats-Unis depuis 1993. Dans les années 1990, elle a fait l'objet de discussions au sein de l'Union européenne, avant que son utilisation pour la production du lait soit interdite en 2000. Toutefois, des forums de discussions consacrés à l'agriculture, sur Internet, nous disent clairement qu'ici aussi on utilise cette hormone. La rBST augmente en effet le rendement des vaches laitières.

A la fin des années 1990, les journalistes Steve Wilson et Jane Akre ont travaillé à un reportage commandé par Fox TV pour l'émission *The Investigators*. A l'origine de cette enquête : la supposition qu'une grande partie du lait produit en Floride contenait des hormones de croissance. Les journalistes sont tombés sur le Posilac, produit par le groupe Monsanto basé à Saint Louis, et qui contient de la rBST. Le lancement de ce produit avait fait l'objet d'une vaste campagne publicitaire ; dans un spot télévisé, Monsanto affirmait qu'il s'agissait du produit le plus testé de toute l'Histoire. Et le comédien, dans le rôle du paysan, de convaincre ses vrais collègues en leur disant : "Augmentez vous aussi votre rendement."

Pour que le paysan, qui a investi dans ce médicament, fasse malgré tout plus de bénéfices, il faut absolument que la vache dopée donne plus de lait. Mais les animaux ont eux aussi payé un prix élevé pour ce dopant : comme on l'a vu, leurs pis ont été victimes d'infections purulentes qui ont contaminé le lait. C'est ainsi que dans les années 1990 le lait qui sortait des fermes américaines était souvent doublement contaminé, à la fois par les germes et par les hormones de croissance.

Jane Akre a découvert que Monsanto s'était contenté de tester le Posilac sur une trentaine de rats. Elle en conclut que le rapport de ce test a été falsifié, ou que la FDA, l'autorité compétente, ne s'est pas donné la peine de le lire. Ce qu'ont fait en revanche les autorités sanitaires canadiennes, qui ont non seulement accusé Monsanto de commercialiser un produit dangereux pour la santé, mais qui se sont également plaintes des rapports de tests sciemment falsifiés. Wilson et Akre avaient bouclé leur reportage sur la rBST une semaine avant la date de diffusion, mais trois jours avant Monsanto exigeait de la chaîne Fox TV qu'elle reporte cette diffusion. A peine quelques jours plus tard, le groupe menaçait les vingt-deux chaînes de télévision de Rupert Murdoch, parmi lesquelles Fox, de leur faire sentir les conséquences de cette affaire. On comprenait entre les lignes qu'il s'agissait de retirer les spots de publicité des produits Roundup et Nutrasweet (aspartame). Fox a alors entrepris de faire taire ses journalistes. On leur a offert beaucoup d'argent s'ils s'engageaient à garder le secret sur l'affaire Monsanto, et Wilson a fait semblant de jouer le jeu, avec dans l'idée de révéler ce marché quand il aurait les contrats sous les yeux. Fox a alors repris Wilson et Akre à son service et les a fait retravailler le reportage pendant des mois, ce qu'ils ont fait semblant d'accepter. La direction a tenté à plusieurs reprises, en vain, d'amener les journalistes à supprimer de leur reportage les éléments dérangeants, et Wilson et Akre ont fini par être licenciés.

Nestlé traite chaque année dix milliards de litres de lait, dont 2,8 milliards au sein de l'Union européenne. Le groupe y profite de deux types de subventions. Premièrement, le lait est acheté au prix de 27 cents le litre. De plus, l'Union européenne dépense chaque année plus d'un milliard d'euros pour subventionner l'exportation de produits laitiers. Evidemment, il est très rare que cet argent serve à exporter du yaourt à la fraise ou du fromage blanc 0 %. Le produit laitier qui se conserve le plus longtemps est le lait en poudre. On estime que Nestlé contrôle plus de la moitié du commerce mondial de lait en poudre. Ce qui fait du lait une de ces matières premières qui, depuis l'Europe, détruit les marchés des pays du Sud.

En 1992, la Jamaïque a supprimé ses barrières douanières pour le lait en poudre, ainsi que les subventions accordées aux producteurs de lait locaux.

Ces deux mesures étaient les conditions d'obtention d'un crédit de la Banque mondiale demandé par cet Etat des Caraïbes. Depuis, Nestlé achète beaucoup moins de lait auprès des paysans jamaïcains, et sur l'île de nombreux produits laitiers sont fabriqués à base de lait en poudre européen.

Nestlé contrôle environ 40 % du marché mondial de l'alimentation pour bébés. Le groupe est présent en Europe sous différents noms (comme Alete en Allemagne), et on trouve encore d'autres marques dans les pays pauvres. Avant la Seconde Guerre mondiale, le mouvement engagé contre la commercialisation de produits voulant persuader les mères de ne plus allaiter était l'affaire de la bourgeoisie. Les Américaines aisées ont ainsi lancé des actions contre les entreprises concernées, parmi lesquelles se trouvait déjà Nestlé. Cette campagne n'a cependant trouvé une résonance mondiale qu'avec l'appel au boycott lancé en Suisse et suivi après 1977 par nombre de groupes et d'associations. Cette action visait directement Nestlé et les campagnes agressives menées en Afrique et en Asie pour faire la promotion de la consommation de lait en poudre, ainsi que la pratique consistant à payer des médecins pour qu'ils persuadent leurs patientes de ne pas allaiter. Souvent, ces femmes se voyaient offrir leur première boîte de lait en poudre. Si, dans les pays où l'approvisionnement en eau potable propre est assuré, il est complètement absurde d'opter pour le biberon, cette idée prend de tout autres proportions dans les pays du Sud. Par manque d'eau propre, on doit dissoudre le lait en poudre dans une eau douteuse, les enfants tombent malades et meurent souvent des suites de diarrhées. Nestlé ne plaisante évidemment pas avec ce marché. Premièrement, ses produits reçoivent d'importantes subventions, deuxièmement, une fois qu'elle a opté pour cette solution, une mère utilise ce lait en poudre plusieurs fois par jour pour nourrir son bébé.

Au rayon frais de nos supermarchés, on se livre également une lutte impitoyable pour gagner des parts de marché. Les grands groupes de produits laitiers travaillent sans cesse à l'élargissement de leur gamme de produits et tentent de gagner des centimètres de rayon sur leurs concurrents. Or que peut-on vraiment modifier et développer dans ce domaine ? Le lait restera toujours du lait, le fromage du fromage, même si on ajoute des fruits au premier ou une herbe à la mode comme l'ail des ours au second. Les leaders européens que sont Danone et Nestlé se sont tout de même engagés dans une nouvelle direction avec le yaourt censé encourager la digestion. En fait, le yaourt stimule depuis toujours l'activité des intestins. Mais comme le disent les services marketing des entreprises ce produit ne peut plus être "communiqué" comme cela aujourd'hui.

Pour son yaourt Activia, Danone a créé deux spots publicitaires très expressifs. Dans le premier, une jeune femme fait les cent pas dans une pièce tandis qu'une autre est tranquillement installée sur un canapé. La première a une main posée sur son ventre tout plat et fait comme s'il était ballonné : elle a des problèmes de digestion. L'autre a une explication : "Pas étonnant, avec ce qu'on mange !" Pizza, frites et saucisse au curry se succèdent alors à l'écran. On revient ensuite à la jeune femme, qui conseille : "Activia." Le second spot de Danone est souvent critiqué dans ces forums sur Internet où on débat sur les spots télévisés. On reproche à la caméra de bouger, aux dialogues d'être mal doublés. On y voit plusieurs femmes entre trente et quarante ans donner brièvement leur avis sur Activia. Elles parlent de son goût ("bon") et de ses effets ("aide à digérer", "donne un ventre plat"). Cette publicité a été tournée en français et la version allemande doublée comme un reportage d'informations réalisé à la va-vite. La manière de filmer fait elle aussi penser à un travail bâclé, ce qui différencie ce spot du premier, à la mise en scène méticuleuse.

Le message de ces deux spots est simple. Pas besoin de vous faire de souci à propos de votre alimentation. Activia est là ! Le digestif a été remplacé par un yaourt enrichi en superbactéries. Le problème, avec ces yaourts enrichis, c'est qu'en principe suffisamment de forces travaillent dans l'estomac et les intestins à cette tâche que le yaourt est censé encourager. Il n'y a pas encore d'études réalisées sur le long terme pour nous dire quels sont les véritables effets de ce produit dans notre ventre. Mais si on prive de leur travail les bactéries présentes naturellement dans le corps, on peut craindre qu'elles ne prennent leur retraite. Et le corps aurait un léger problème.

D'autres éléments nous montrent que l'effet des yaourts probiotiques n'est pas toujours celui qu'on nous annonce dans les publicités. Dès 2000, la direction de la clinique Hanusch de Vienne bannissait tous les yaourts de ce genre des cuisines et des chambres des patients. Une directive signalait que "des études récentes montrent que la consommation de yaourts probiotiques peut provoquer, chez des patients aux défenses immunitaires affaiblies, méningites, septicémies, pneumonies et endocardites"… Au moins, ces études ne disent pas que ces yaourts représentent une menace pour les gens en bonne santé. Mais ils ne leur apportent rien non plus. En revanche, un yaourt probiotique coûte deux fois plus qu'un yaourt classique. Une bonne affaire.

IV

LA VIANDE

*Bourses de fumier, déchets d'abattoirs
et émissions toxiques*

L'homme, vêtu d'un tablier gris, ouvre une porte en métal de plus de deux mètres de haut et un mètre de large. Il sort de cet immense placard une étagère roulante où s'agite une masse grouillante sur une dizaine de niveaux. Cette masse en mouvement est jaune. Sur l'étagère roulante, quatre caisses se partagent chaque niveau, et dans chacune de ces caisses une centaine de poussins se partagent le maigre espace. C'est la première fois que ces petites créatures ne sont pas plongés dans l'obscurité. Car elles ont vu la "lumière du jour" dans cette armoire. Les poussins sont 4 000 en tout sur cette étagère. Et cette armoire est une immense couveuse. Deux jours avant, l'homme au tablier gris y a déposé les œufs dont sont sortis ces poussins. Dans la couveuse, les poussins, conformément à leur programme, ont percé la coquille de leur enveloppe calcaire et se sont nourris des restes du jaune. Ce sont maintenant de mignonnes petites boules duveteuses, comme tous les poussins qui ont moins de trente heures. Pour l'instant, aucune étude ne nous dit s'ils cherchent leur maman une fois éclos. Ils ne vivront qu'avec leurs semblables.

L'homme au tablier gris emporte l'étagère vers sa prochaine étape. On sort rapidement les poussins des caisses et on les jette sur de petits tapis roulants. Cet endroit est une unité de production de poussins. Dans le couloir où l'homme au tablier gris a ouvert la porte, il y a encore beaucoup d'autres armoires de ce genre.

Ecoutons Hannes Schulz : "Nous sommes ici dans une unité de production d'animaux à l'engraissement. Nous avons nos propres lignes hybrides pour un élevage performant. Dans cette étable, il y a environ 4 000 animaux, enfin 4 000 poules et 400 coqs, on a donc un mâle pour dix femelles. Il n'y a que trois autres entreprises de ce type qui ont des clients dans le monde entier. Les œufs sont naturellement fécondés par le coq, et la poule a un réflexe qui fait qu'elle s'accroupit quand le coq monte sur elle. Espérons qu'on va pouvoir l'observer."

La production de viande de volaille s'effectue en trois étapes, réalisées à trois endroits différents. Dans un grand hall couvert vivent plusieurs centaines de poules. Ainsi qu'un coq pour dix poules. L'industrie n'aurait pu inventer mieux que les réflexes naturels du coq et de la poule (monter et s'accroupir) ; l'accouplement ne prend que quelques secondes. Les poules sont bien nourries, elles ne sont pas épuisées et n'ont pas perdu leurs plumes comme leurs sœurs et cousines pondeuses, qui sont surmenées. Après tout, on n'attend pas d'elles qu'elles pondent un œuf par jour. Leur rythme de ponte est un peu moins soutenu, car elles ne livrent pas un produit qui va aller directement chez le consommateur, mais une matière première qui devra d'abord être transformée. Les œufs sont placés dans les caisses, puis dans la couveuse, réglée à la température nécessaire à l'éclosion des poussins. Ensuite on trie encore une fois les poussins dans des caisses propres pour la distribution, et c'est la fin de la première étape de production.

Redonnons la parole à Hannes Schulz : "Nous sommes ici dans le couvoir Schulz, à Laßnitzhöhe, en Styrie (Autriche). On y couve des œufs qui donnent environ 400 000 poussins, vivants, qu'on va engraisser. Ici, c'est l'étape de l'incubation, on prépare les œufs et on les chauffe progressivement jusqu'à température ambiante. Pour des raisons de traçabilité, les œufs sont tous marqués, on leur a apposé un numéro pour qu'on puisse savoir à tout moment d'où ils viennent. Toutes ces machines sont des incubateurs. Dans chacun, on peut mettre 57 600 œufs, et dans ce qu'on appelle la couveuse artificielle il ne reste plus qu'à augmenter la température à 37 °C, et les œufs sont tournés toutes les heures, pour éviter que le jaune ne colle aux membranes coquillières. Le jaune constitue la nourriture des poussins juste après l'éclosion."

L'éleveur reçoit la marchandise duveteuse. Avec le partage moderne du travail, l'éleveur ne s'occupe plus que de l'élevage, donc du produit après éclosion. Il amène les poussins dans un hall qui ressemble à celui où les poules pondent les œufs dont ils sont sortis. Ce hall-ci est un peu plus sombre, car les animaux n'ont pas besoin de voir grand-chose. On attend juste d'eux qu'ils grandissent. Pour que cela aille vite, la nourriture est répandue sur le sol, et de petits tuyaux qu'ils peuvent téter pour boire sont reliés à des conduites qui traversent le hall sur toute sa longueur. La vie d'un poulet d'élevage dure six semaines, et une nouvelle génération de poussins se presse ensuite aux portes de ce hangar. Les anciens entreprennent alors un second et dernier voyage.

Pour Hannes Schulz, "ceux qui achètent et consomment ces poulets n'ont plus aucune idée de comment ça marche aujourd'hui. On travaille sur un produit vivant, qui doit éclore, puis être engraissé et abattu. Ce cycle de production dure huit semaines en tout, et parfois il y a un impondérable, c'est comme ça, mais les gens ne comprennent pas. Les gens sont de plus en plus détachés de la réalité, et ils deviennent aussi plus durs et insensibles. Pourquoi ? Parce que plus personne ne commence tout en bas. Je n'ai rien contre les gens qui sont allés à l'université, mais ce sont des gens qui sont allés à l'école, qui ont fait des études, ils sortent de là avec une maîtrise ou un doctorat, et ils n'ont plus aucune idée de ce qui se passe à la base, ils croient (comme la plupart des gens d'ailleurs) que l'agriculture correspond à ce qu'on nous montre dans les pubs, qu'elle est encore comme autrefois. C'est complètement irréaliste. Ce qui intéresse le marché, en fait, c'est le prix. Le goût n'est pas un critère."

On va toujours chercher les animaux en pleine nuit. Il est plus facile de les attraper dans la pénombre qu'en plein jour, car comme nous ils sont habitués à dormir la nuit. A l'abattoir, éclairé par une lumière bleue, on place les poulets dans des caisses, qui sont plus grandes que celles où ils ont éclos. Car ils ont beaucoup grandi au cours de ces dernières semaines. Ils ne perçoivent pas cette lumière bleue, pour eux c'est donc dans l'obscurité complète qu'ils quittent leur caisse pour être déversés sur un tapis roulant.

Les ouvriers et ouvrières en tablier blanc les saisissent et les accrochent par les pattes à des crochets au début d'une chaîne qui va jusqu'à la mise sous cellophane des cuisses et des blancs de poulet. On les plonge la tête la première dans un bain électrifié pour les endormir. Ils ne sentent ainsi rien lorsqu'un couteau automatique leur tranche ensuite la gorge. Et si ce truc n'a pas marché pour l'un d'entre eux... derrière le couteau automatique, un homme en tablier blanc armé d'un couteau très aiguisé est là pour couper les têtes qui ont échappé à la machine. Commence alors le processus de nettoyage et de découpage. Le tout est entièrement automatisé, le facteur travail n'apparaît plus que dans la surveillance de la chaîne, assurée par quelques personnes. Au bout, les blancs de poulet ressortent tout emballés, prêts pour les rayons du supermarché. Pour un poulet livré vivant à l'abattoir, l'éleveur touche très peu d'argent. Lorsque l'hiver est particulièrement froid et qu'il est obligé de monter le chauffage, son bénéfice est presque nul.

"En Europe, et en particulier en Allemagne, la viande et la charcuterie sont de moins en moins chères. Alors qu'en 1970 un employé devait travailler plus de 11,5 heures pour se payer un kilo de côtelettes de porc, cela ne représente plus aujourd'hui qu'une petite demi-heure de travail. Et ce n'est pas que le salaire horaire ait tellement augmenté, c'est plutôt que le prix de la viande ne cesse de baisser. Le revers de la médaille, c'est que les paysans tirent de moins en moins de revenus de l'élevage. La concurrence très dure des prix du commerce de détail fait que ces produits, très souvent, sont vendus comme des offres spéciales ou à un prix durablement bas." On peut lire cette description de la production de la viande et de son prix sur la page allemande du site www.journalismus.com, sous le titre "La viande est de moins en moins chère". Ce dossier spécial a été réalisé par la CMA, l'Office central allemand de marketing pour l'agriculture. La CMA est un groupe d'intérêts qui insère énormément de publicité dans les journaux et à la télévision dans le but de convaincre la population de la qualité des produits agricoles allemands. Le site www.journalismus.com propose des sujets aussi inoffensifs pour l'industrie que l'anniversaire de telle ou telle entreprise ou des présentations de produits, autant de textes que les journalistes peuvent reprendre sans avoir à trop les modifier. Ce groupe d'intérêts se montre très conscient des problèmes du secteur, et parle ainsi du phénomène le plus étonnant dans la production mondiale de viande. Son prix !

Ces quelques chiffres nous donnent un ordre de grandeur : dans la seconde moitié des années 1960, en Allemagne, un petit pain coûtait l'équivalent de 3,5 à 4 cents. Le moins cher d'entre eux coûte aujourd'hui entre 13 et 15 cents, et il n'est pas rare de payer jusqu'à 26 ou 27 cents. Les prix ont donc été multipliés par quatre, voire parfois par huit en à peine quarante ans. A l'époque, on trouvait souvent du chou blanc en réclame pour l'équivalent de 4,5 cents le kilo, quant à son prix normal, il n'excédait guère les 9,5 cents. On le paie aujourd'hui entre 49 et 89 cents – ce qui équivaut à une augmentation de 400 à 1 700 %. La viande de porc classique (le label bio n'existait pas encore) coûtait l'équivalent de 2,5 euros le kilo pour les côtelettes et 5 euros le kilo pour le filet. Aujourd'hui, il n'est pas rare qu'elle soit moins chère : les discounters proposent souvent le kilo de côtelettes ou d'escalopes de porc pour un peu plus de 2 euros, quant au filet, il coûte entre 5 et 7 euros. La viande de porc semble n'avoir été nullement affectée par les augmentations de salaires ou de prix, ni par les divers réajustements. Le prix du fourrage a augmenté depuis les années 1960 ; *idem* pour la terre sur laquelle sont construits les bâtiments agricoles ; l'essence brûlée pour le dernier voyage des animaux est plus chère elle aussi ; les salaires des employés des abattoirs et de ceux du commerce de détail sont bien plus élevés qu'alors, même dans les discounters, les gens touchent un salaire horaire beaucoup plus important qu'il y a quarante ans ; seul le prix de la viande de porc n'a pas suivi cette évolution. Au contraire : si l'on prend tous ces exemples pour modèle, on constate que le prix de la viande de porc a connu une baisse inédite – on ne trouve rien de comparable dans le domaine des produits alimentaires, pas plus que dans les services ou les produits industriels. Si les prix avaient connu une telle évolution, une voiture neuve coûterait aujourd'hui moins de 500 euros.

Le revers de ce phénomène : aucun autre secteur de l'industrie alimentaire n'est autant associé, dans la conscience collective, à des scandales que la production de viande et de charcuterie. Dans les chaînes de supermarchés, on change les étiquettes de date limite de consommation sur les emballages de viande pour masquer le fait qu'on aurait dû la jeter depuis longtemps. La viande avariée est vendue à des spécialistes qui la maquillent avant de la revendre au plus offrant. Le gibier vient peut-être d'un animal sauvage, mais il avait plutôt des griffes que des sabots, ce que les vétérinaires chargés du contrôle du plus grand producteur européen de gibier savaient, apparemment. Bien qu'elles soient interdites depuis longtemps, il est probable que l'on continue à utiliser des farines animales pour nourrir les bêtes. Les petites tempêtes médiatiques causées par ces pratiques interdites ne durent souvent que quelques jours, et elles n'occupent pas longtemps la tête de la hiérarchie des informations importantes.

Ce qui n'apparaît pas dans les émissions télévisées ou les éditoriaux des journaux, c'est le quotidien de la production. C'est cela le plus intéressant, même si on est habitué à penser en termes de scandales. Qui nous dit ce qu'on fait des déchets aux abattoirs ? Quel article se penche sur le fait que les animaux élevés pour nourrir les hommes ont presque tous consommé du fourrage génétiquement modifié ? A-t-on jamais vu un journal télévisé, à une heure de grande audience, s'ouvrir sur le fait qu'en Allemagne, comme dans d'autres pays de l'Union européenne, cela fait longtemps que l'élevage a détruit de nombreux sols, et qu'il est responsable de la disparition de nombreuses espèces animales ? Et qui s'indigne de ce que le fourrage de nos animaux est produit au Brésil, tandis qu'ici on brûle du blé et du maïs pour se chauffer, et qu'au Brésil des gens meurent de faim ? Mais ce n'est pas tout : la viande subventionnée de l'UE qui ne peut être vendue au prix du marché est exportée vers l'Afrique de l'Ouest, où elle ruine des pans entiers de l'économie de subsistance – encore un sujet dont on ne parle pas en Europe.

Les Pays-Bas ont un sérieux problème. Dans tout le pays, les terres ont déjà été trop fertilisées, et malgré cela on y produit chaque année d'immenses quantités de fumier. Au cours des dix dernières années, on a déjà réduit le nombre de porcs de 25 % pour pouvoir maîtriser ce flux d'excréments. Il y a plusieurs années, une intéressante expérience a été lancée dans le pays : dans le port de Rotterdam, on a chargé des grands cargos de fumier destiné à l'exportation. Les "résidus" de l'engraissement local des animaux devaient être acheminés jusqu'aux champs de pays qui manquaient d'aide à la croissance pour leurs produits agricoles. Mais cela s'est rapidement avéré trop coûteux, et le projet est tombé à l'eau. C'est une autre façon d'exporter le fumier qui se prépare maintenant. Les excréments de porcs et de volaille sont compressés en briquettes et vendus comme un engrais haut de gamme – c'est ce qui est prévu, en tout cas. Mais le liquide extrait du fumier doit lui aussi être éliminé.

Les Pays-Bas sont partout. A Vechta, par exemple. Une petite ville de Basse-Saxe qui se vante de l'efficacité de sa municipalité, car elle fait son travail avec très peu de personnel par rapport aux communes de cette taille. Vechta a 30 000 habitants, et la plupart des gens en Allemagne ont besoin d'un instant de réflexion quand on leur demande où elle se trouve ou comment y aller. Dans le musée de la ville, on a reconstitué les conditions de détention de la prison locale au XVIIe siècle, et le site de la ville propose des liens vers quelques entreprises qui y sont implantées.

Tout en haut de la liste, on trouve la firme Big Dutchman. "Depuis 1938, Big Dutchman conçoit et réalise des équipements pour l'élevage moderne de porcs et de volailles." Cette entreprise de tradition, leader en Europe, produit du matériel conçu pour caser le plus grand nombre possible d'animaux sur un espace réduit au minimum. Quelques-uns de ses équipements modèles sont d'ailleurs présentés sur son site. "La ferme Padrino Vilela SA, à Madrid, est sans aucun doute l'une des plus grandes unités de production d'œufs d'Europe. Avec une surface de 2 676 mètres carrés, l'étable peut accueillir 190 000 animaux, soit 72 par mètre carré, ce qui constitue un record…" Big Dutchman est en étroite collaboration avec l'entreprise Deutsche Frühstücksei GmbH, la plus grande entreprise en Europe pour la production des œufs. Toutes deux sont également leaders dans la planification d'immenses nouvelles fermes en Europe de l'Est.

Big Dutchman n'est pas tout à fait représentatif des entreprises installées à Vechta, mais l'idée est la même. Car cette petite ville située entre Münster et Oldenbourg est connue dans le monde entier. Pas du grand public, mais elle constitue un objet d'étude très apprécié pour un petit cercle de scientifiques. Dans le canton du même nom vivent en effet quelque 120 000 personnes – qui cohabitent avec un million de bovins, de porcs et de moutons. Un rapport mathématique unique au monde, qui crée des problèmes uniques. Les excréments produits par ces animaux (en majorité des bovins), ajoutés à la montagne de ceux qui sont le fait des 13 millions de volailles qu'on trouve également dans la circonscription, représentent d'énormes quantités de matériaux à éliminer. Dans son livre *Der Tanz ums goldene Kalb – Der Ökolonialismus Europas*, l'écologiste Josef H. Reichholf estime que cela équivaut à la quantité de déchets produite par la capitale allemande.

En Allemagne comme dans beaucoup d'autres pays, toutes les villes doivent se doter d'un concept d'évacuation des eaux usées adapté au nombre d'habitants. Evidemment, plus il y a d'habitants, plus c'est compliqué. Berlin dispose ainsi des capacités nécessaires pour évacuer et traiter les eaux usées pour ses quelque quatre millions d'habitants. Vechta, en revanche, part d'une quantité d'eaux usées correspondant à ses 30 000 habitants, plus aux 90 000 que compte l'immense canton. Or la quantité réelle est quarante, si ce n'est cinquante fois plus élevée. Mais le seul concept qu'a Vechta pour l'élimination de ces montagnes de fumier, c'est de fertiliser le sol. Ni évacuation, ni épuration. Car pour les animaux d'utilité, comme on les appelle, nulle ville ou canton n'est tenu de développer un tel concept. On emploie donc volontiers le terme de région à problème pour désigner Vechta (qui vole très souvent la vedette aux Pays-Bas).

"Nous avons, aujourd'hui en Allemagne, 15,7 millions de bovins, 23,7 millions de porcs, 2,5 millions de moutons et 0,6 million de chevaux, écrit Reichholf. Ce qui fait 42,5 millions d'ongulés au total, soit 250 sur chacun des 170 000 kilomètres carrés de surface utile agricole." Reichholf estime le poids total des 82 millions d'humains qui peuplent le pays à 5,33 milliards de kilos. Quant à celui de tous ces animaux, il serait cinq fois supérieur. Dans un autre passage de son livre, il compare le poids des 6,2 milliards d'humains à celui des 1,5 milliard de bovins, et il arrive à un rapport de 1 à 3 en faveur des bovins. Tous les animaux pris en compte dans ce calcul sont un élément de la production d'aliments pour les humains. Ils produisent de la viande ou du lait. Si l'on retire de cette estimation les millions de gens qui meurent de faim ou qui, extrêmement pauvres, n'ont jamais accès à la viande, ce rapport s'accentue encore davantage.

La scène se déroule au Brésil en 2005, dans le cockpit d'un petit avion. Le pilote, Danilo Iper de Lima, raconte : "Il y a encore vingt ans, c'était la forêt amazonienne ici. Et la seule raison pour laquelle on a déboisé, c'est pour planter du soja. En Amazonie, nous ne voulons pas de soja. Pourquoi ? Notre sol est bon, mais il n'est pas approprié à cette culture. Nous sommes obligés de faire venir toutes les substances nutritives et de fertiliser le sol. Ici, c'était la forêt amazonienne, avec des arbres gigantesques. Les arbres ont été coupés, et maintenant ils cultivent du soja. Là, ils viennent juste de déboiser avec leurs tracteurs. Et ils préparent les champs de soja."

L'ESB a été une catastrophe pour de nombreux Brésiliens. En apparence, ces déchets animaux faits d'os, de tendons et autres éléments mis au rebut de la production de viande, mélangés sous forme de farine à la nourriture des animaux par des producteurs européens, qui ont ainsi contraint ces herbivores que sont les bovins, en particulier, à un cannibalisme à mille lieues de leurs habitudes alimentaires, n'ont rien à voir avec le Brésil. Et pourtant, les conséquences de la crise de l'ESB, qui a vu des bovins européens succomber à cette maladie, n'ont pas été ressenties qu'en Europe. Après l'interdiction dans l'UE, en 2001, de l'utilisation de farines animales, il a fallu trouver d'urgence de quoi remplacer cet ingrédient nuisible riche en protéines qui favorisait la croissance et garantissait aux éleveurs que leurs bêtes prennent rapidement du poids. Et on a trouvé le soja.

La farine animale de bovins malades a été rendue responsable de la contamination d'autres bovins.

Bien que cette supposition n'ait jamais été prouvée, elle est à l'origine de l'interdiction des farines animales dans l'alimentation des animaux destinés à être consommés par l'homme. Pourtant, on ne trouve pas seulement des farines animales dans les engrais aujourd'hui, elles constituent toujours un ingrédient de la nourriture des animaux. Cela ne concerne toutefois que l'industrie du *pet food*, qui fabrique croquettes et pâtées pour chiens et chats. Les animaux du zoo et du cirque continuent eux aussi à absorber des farines animales. Les directeurs des zoos font visiblement très attention à ce que leurs zébus et leurs buffles soient épargnés. Pour les agriculteurs, la tentation de continuer à les utiliser est grande. Une tonne d'engrais à base de farines animales, qu'on peut mélanger à la nourriture sans problème, coûte entre 20 et 30 euros. Les aliments à base de soja leur coûtent au moins dix fois plus, soit plus de 300 euros. En 2003, 124 000 tonnes de farines animales bel et bien produites en Allemagne se sont évanouies dans la nature. Comme leur trace n'a pas été retrouvée, on est bien obligé de supposer qu'elles sont arrivées d'une manière ou d'une autre dans le circuit alimentaire. L'association allemande Foodwatch a bien essayé de voir où de telles quantités avaient pu passer, mais les autorités allemandes, au nom de la protection des données, ont refusé de lui répondre.

Le soja a remplacé les farines animales – là où on ne triche pas. Le soja a une teneur équivalente en substances nutritives et en protéines, et permet une croissance osseuse et musculaire plus rapide que les herbes des alpages. A partir du moment où l'Union européenne a interdit de nourrir les bêtes avec des farines animales, les besoins en soja sont devenus énormes, et ces besoins n'allaient pas pouvoir être couverts du jour au lendemain avec le marché mondial. L'heure des chercheurs d'or avait sonné. Dans l'Etat brésilien du Mato Grosso, le grand propriétaire terrien Blairo Maggi s'est aussitôt attelé à un projet inédit. Il a multiplié les champs de soja sur les terres de sa famille, et son groupe Amaggi est bientôt devenu le premier producteur de soja au monde – et ce au beau milieu de la forêt amazonienne. Cet avènement s'explique, outre par les besoins croissants en soja, par toute une série de facteurs.

Cette famille, originaire du Sud du Brésil, possédait de vastes terres dans le Mato Grosso, ce qui lui donnait beaucoup de poids au sein de cet Etat. Il y a déjà plusieurs décennies, les Maggi avaient incité des ouvriers à partir pour le Mato Grosso avec leur famille en leur promettant qu'ils deviendraient propriétaires de leurs champs, à condition d'utiliser les semences vendues par les Maggi.

On déboise sans cesse d'immenses surfaces de forêt. Une déforestation qui va dans le sens de l'industrie du bois, mais aussi de Blairo Maggi. Officiellement, on accuse toutefois des bûcherons anonymes de procéder en pleine nuit. Les chiffres concernant la taille du terrain déboisé au Mato Grosso ces dernières années varient selon les sources. On la compare volontiers à celle d'Etats américains ou de pays d'Europe. Ce qui est sûr, c'est qu'on a sacrifié plusieurs dizaines de milliers de kilomètres carrés de forêt tropicale rien que pour cultiver du soja. Le Mato Grosso s'étend sur 906 000 kilomètres carrés, la Suisse par exemple a une surface de 41 000 kilomètres carrés. Selon l'organisation mondiale de protection de l'environnement WWF, on a déjà déboisé

668 000 kilomètres carrés en Amazonie. Cela correspond à 17 % de la surface totale de la forêt, ou aux territoires de la France et du Portugal pris ensemble. Le Mato Grosso a environ 2,5 millions d'habitants, et c'est l'un des Etats du Nord du Brésil qui disposent des infrastructures les plus faibles. Ceux qui ont de l'argent y sont au-dessus des lois.

Même en public, Maggi n'exprime pas le moindre scrupule. Voici ce qu'il dit sur l'expansion ultra-rapide de ses terres : "Une augmentation de 40 % de la déforestation, ce n'est rien du tout, et je ne me sens pas coupable de ce que nous faisons ici. Nous avons encore une surface de la taille de l'Europe qui n'a quasiment pas été touchée. Il n'y a aucune raison de s'inquiéter."

Il y a quelques années, il aurait été impensable de cultiver du soja en pleine forêt tropicale. Mais ce problème a été résolu par les produits génétiquement modifiés des groupes semenciers américains. Il faut toutefois doper le sol à l'aide de nombreux engrais, car la terre de la forêt n'était pas préparée à accueillir une monoculture telle que celle du soja. Le Grupo Amaggi est soutenu par la classe politique brésilienne, qui se montre très ouverte pour ce qui est de l'utilisation des OGM. Le parti ouvrier du président Lula da Silva avait certes annoncé une politique différente, mais il n'a pas réussi à l'imposer. Blairo Maggi est l'allié des puissants partenaires de coalition du président.

Le gouvernement brésilien est en train de boucler la construction de la Transamazonienne. Cette route de plus de 1 750 kilomètres de long permettra de traverser l'Amazonie en voiture et constituait déjà le projet de prédilection de la dictature militaire au pouvoir dans les années 1970. Le tracé de cette route favorise le pillage de la forêt et la culture du soja, et pourrait également constituer l'épine dorsale de nouveaux projets agricoles démesurés. Pour l'instant, on transporte le soja sur de petites routes et en empruntant le rio Madeira et le fleuve Amazone. En 2004, le Brésil a exporté pour 34,1 milliards de dollars de soja et produits dérivés. Un chiffre très impressionnant dans ce pays. On réfléchit à deux fois avant d'entreprendre des mesures contre un tel chiffre. Loi ou pas. Et le gouverneur du Mato Grosso n'est autre que Blairo Maggi.

"Les producteurs de soja exigent du gouvernement qu'il construise une route asphaltée traversant l'une des dernières forêts vierges au monde. L'argent des travaux est fourni par la Banque mondiale et la Banque d'Amérique latine. La conséquence de cette politique, c'est que les animaux européens mangent la forêt tropicale d'Amazonie et du Mato Grosso", déclare Vicente José Puhl, coordinateur régional de l'organisation Federaçaõ de órgãos para assistência social e educacional.

Si on plante du soja en Amazonie, c'est pour l'exporter. Sans cet incroyable boom des besoins en soja de l'autre côté de l'Atlantique, on n'aurait pas déboisé, construit ces infrastructures ni discuté les plans de la Transamazonienne. Au Brésil, et en particulier au Mato Grosso, c'est pour cette seule raison qu'on cultive le soja. Le soja est certes utile pour nourrir les animaux que les hommes vont ensuite consommer, mais c'est également une plante qui peut constituer la base d'aliments bons et peu onéreux pour les humains.

Dans les années à venir, le Brésil va subir la concurrence de l'Europe de l'Est. La Roumanie et bientôt l'Ukraine sont susceptibles de bouleverser le marché mondial avec leur production de soja. Les entreprises brésiliennes ont commencé à vendre à très bas prix certaines parcelles à des paysans européens, car c'est un moyen de lier l'Europe, ses paysans et son élevage à la production brésilienne.

Dans tout le pays, des gens meurent de faim. Le gouvernement estime que 25 % de la population n'ont ni la possibilité de se nourrir grâce à leurs terres, ni les moyens financiers d'acheter suffisamment de nourriture. Ce sont plus de 40 millions de personnes. Nombre d'entre elles vivent dans le vaste Nord du pays, le bassin du fleuve Amazone, une région qui a toujours été négligée par le gouvernement du pays. Et où l'on récolte le soja à profusion.

Dans les pays membres de l'Union européenne, les paysans qui avaient dû laisser durant plusieurs années 10 % de leurs terres en friche reçoivent aujourd'hui des subventions pour cultiver du maïs ou du blé. Il ne s'agit toutefois pas de continuer à approvisionner un marché qui est déjà très difficile. Ni de fournir l'industrie d'aliments pour animaux, même si le blé et le maïs pourraient tout à fait être utilisés dans les grandes comme dans les petites exploitations. Ces deux plantes ont un nouvel acheteur : des producteurs locaux d'électricité, en Autriche ou en Allemagne, s'en servent pour chauffer leurs centrales. Voici comment cela fonctionne : les paysans autrichiens touchent des subventions (l'Union européenne les appelle des compensations) pour consacrer 10 % à des cultures qui n'arriveront en aucun cas dans le circuit alimentaire ! Car nous avons trop à manger ! Ces paysans malins cultivent donc du blé ou du maïs qu'on va brûler dans des centrales thermiques, et ils appellent cela des matières premières renouvelables. Ils touchent donc les subventions de l'UE, puis vendent leur maïs ou leur blé aux centrales (deuxième flux financier), elles-mêmes construites grâce à d'énormes subventions européennes (troisième flux financier) ! Il s'agit du courant électrique le plus cher et le moins rationalisé du monde. Les journaux locaux vendent cette idée sous le titre "Récolter l'énergie dans les champs".

L'industrie alimentaire moderne a créé toute une série d'illusions auxquelles nous sommes habitués depuis longtemps. Sauces et soupes sont vendues en sachet ; la chair de crabe est produite à partir de tout sauf de crabe ; le yaourt aux fraises ne contient pas de fraises (l'histoire de l'arôme de fraise réalisé à partir de copeaux de bois est légendaire) ; le vin au goût boisé n'a jamais été vieilli en fût. Ce ne sont là que les exemples les plus évidents. On peut facilement se rendre compte de ces illusions et les éviter. On n'est pas obligé d'acheter des sauces toutes prêtes, et on peut laisser dans les rayons les articles manifestement mal étiquetés. Dans certains cas, les manœuvres de l'industrie alimentaire sont cependant plus difficiles à déchiffrer.

Ainsi, un objet à l'image aussi positive que la tomate ne suscitera pas facilement l'indignation. Or le fruit produit en serre sur de la laine de roche n'a plus grand-chose en commun avec notre idée classique de la plante. Cela fait longtemps que les fruits et légumes du supermarché n'ont plus nécessairement poussé dans la terre. Peut-être que la tomate qui a poussé sur de la laine de roche n'est plus une tomate, comme la photo d'une tomate n'en est pas une. Difficile de définir où se trouvent les limites.

A cette tomate moderne correspond l'animal moderne. Le poulet, un diminutif approprié pour désigner le mâle de la poule qui ne deviendra jamais adulte, puisqu'il sera consommé avant, naît tout seul dans une couveuse avant d'être emmené dans un hangar sombre où il aura six semaines avant d'être considéré par l'industrie comme bon pour l'abattoir. On l'emmène alors dans un autre hangar sombre, qui constitue pour le poulet l'antichambre de la mort. Ce poulet ne remplit plus les conditions élémentaires de la définition de ce qu'est un animal. Il n'a pas connu sa maman et n'a pas eu de vie sociale, et il n'a jamais couru – le seul exercice qu'il ait connu consistait à picorer dans son bac de nourriture et tendre le cou pour boire au tuyau. Dans le futur, d'autres méthodes permettront sans doute de réduire encore l'existence de telles créatures à moins que cela et de la limiter strictement à la production de viande. En tout cas, le poulet surgelé de 1,2 kilo (avec eau) que l'on peut acheter au supermarché pour 2,29 euros n'était déjà plus un animal. Mais alors, que mâchons-nous lorsque nous mangeons ce poulet ?

Il ne s'agit pas ici de discuter de ce que nous faisons à cette créature ou de se demander s'il est moral de manger des animaux, avec ou sans pattes. La plupart des gens ont pris pour eux-mêmes la décision de manger ou non de la viande et du poisson – pour ceux qui y ont accès. Ce qui nous intéresse ici, c'est la question de savoir si l'industrie alimentaire tient vraiment ses promesses de production, et qui en paie le vrai prix.

L'industrie de la viande n'aime pas se retrouver sous les feux de la rampe, car certaines de ses activités de base ne sont pas très présentables. Les poules déplumées qui pondent comme des machines ne sont pas belles à voir, et de telles photos sont utilisées par les associations de protection des animaux ainsi que des organisations militantes pour susciter le dégoût chez les gens plutôt que par le secteur lui-même pour se présenter au public. Voir un employé des abattoirs enfoncer un cylindre en acier dans la tête d'un bœuf, ou des images montrant comment les saucisses sont produites n'encourage pas non plus à consommer joyeusement. La chaîne de télévision allemande Pro7 a toutefois entrepris de traiter ce genre de sujets avec son émission de vulgarisation scientifique *Galileo*, en montrant des modes de production industrielle qui nous intéressent tous. Malheureusement, les reportages ont l'air d'avoir été financés à 100 % par les entreprises concernées. Ainsi, dans le reportage censé nous éclairer sur la préparation de la salade de viande, la caméra reste plusieurs secondes sur le logo de l'entreprise Homann, où le reportage a été tourné. Normalement, les produits de cette entreprise sont au rayon gourmet des supermarchés, et ce que nous montre le reportage est troublant. D'un côté, des montagnes de viande et de concombres en conserve coupés en dés sont déversées dans une cuve. Mais juste après, alors qu'une voix off a lâché le mot-clé de "protéines", on voit un employé mélanger trois ou quatre jaunes d'œuf dans un bol, comme s'il s'agissait du maître saucier du roi. Pour couronner le tout, on nous annonce que le goût des produits Homann vient d'un mélange secret d'épices qu'un autre employé en tablier blanc ajoute aux autres ingrédients dans la grande cuve. Il tient un de ces sacs de trois ou quatre kilos que les producteurs d'épices préparent pour l'industrie. Et ce qu'il déverse dans la cuve ressemble étrangement à du glutamate. Le téléspectateur n'apprend rien sur la qualité des différents ingrédients ou sur les additifs comme les conservateurs ou les colorants.

La production de charcuterie est un sujet tabou. Qui veut vraiment savoir comment – et pourquoi – on retrouve six produits chimiques différents dans la chair à saucisse ? Prenons au hasard dans un rayon un article de fabrication classique, comme ce paquet de 300 grammes de saucisses fumées d'une grande usine de qualité moyenne basée à Kaiserslautern et Andernach. Les ingrédients : viande de porc, sel iodé, lactose, condiment, extraits d'épices, boyaux naturels, fumée de bois de hêtre, mais aussi E 250, E 262, E 300, E 301, E 331 et E 575. Ces produits commençant par E et que vous retrouvez sur la liste des ingrédients des aliments que vous avez dans votre frigo sont les fameux additifs alimentaires. E 250 désigne le nitrite de sodium, qui n'est heureusement mortel qu'à partir de 4 grammes et qui, en quantités bien plus modestes, et associé au sel, donne cette couleur rouge à la saucisse et fait briller la marchandise alors qu'elle est avariée depuis longtemps. Ce mélange de E 250 et de sel est aussi connu sous le nom de sel nitrité pour saumure, et pourrait tout à fait être mentionné dans la liste des ingrédients. Mais le sel nitrité pour saumure pourrait bien être cancérigène, et il a déjà fait l'objet de nombreux articles dans des magazines de consommateurs. On préfère donc que ses ingrédients apparaissent séparément sur l'étiquette. E 262 est le symbole de l'acétate de sodium, l'un des conservateurs que contient la saucisse. Derrière l'E 300 se cache l'acide ascorbique, un antioxydant qui contribue à garantir la couleur de la saucisse. E 301 est l'ascorbate de sodium, la variante synthétique de l'acide ascorbique, souvent produit dans des laboratoires de biotechnologie. Le citrate de sodium apparaît sur la liste d'ingrédients sous la formule E 331. Il s'agit d'un acidifiant parfois produit par le génie génétique, qui peut provoquer des allergies dans de rares cas, mais qui est en général considéré comme inoffensif. Enfin, l'E 575 est le glucono-delta-lactone, un acidifiant et conservateur qui, comme ses collègues E 330 et E 331, donne à la saucisse son goût acidulé. Le dextrose, le sirop de glucose et le sucre viennent adoucir les saucisses fumées. Quant à ce "E", c'est celui d'Europe.

Sur le site Internet de l'entreprise, on peut voir quelques photos, mais elles n'ont rien à voir avec la production. Dans la rubrique "Qualité", la première montre un bœuf dans un gras pâturage, la deuxième une horde de bovins sur une prairie bien verte, et la dernière des porcs heureux sous le soleil. Ce qui est curieux, c'est qu'en jetant un œil à la gamme des produits rien ne dit que l'entreprise utilise autre chose que de la viande de porc. Ailleurs, une galerie photo montre les chefs de l'entreprise devant des murs ou des halls, on ne voit des gens travailler que sur un seul cliché. Des employés en blanc trient des produits déjà emballés. On ne voit nulle part le processus de production des saucisses, du lard ou du jambon.

Mais on n'a même pas besoin de considérer les additifs alimentaires ou la présentation d'une entreprise pour trouver les produits de l'industrie de la viande bien étranges. Savez-vous à quoi ressemblent les saucisses de Francfort avant d'arriver dans leur verre ? Essayez donc de sortir ces saucisses du verre puis de les y remettre. Impossible, car les saucisses ont un tout autre aspect avant d'être mises en bocal. Elles sont toutes minces et fripées, et ce n'est qu'à l'intérieur du verre qu'elles se gorgent du jus qu'on y a versé. C'est vrai pour toutes les saucisses de ce type, qu'elles soient bon marché ou non, et dans la plupart des cas cela va tout à fait dans le sens de la législation des aliments. Mais une fois qu'on a été témoin de la chose on adopte vite un rapport différent à ce genre de produits.

Si la liste d'ingrédients d'une saucisse peut gâcher le plaisir de quelques personnes, en connaître les véritables ingrédients devrait couper l'appétit à la plupart des consommateurs. Certains d'entre eux ne sont jamais ou rarement indiqués sur les emballages. Dans les abattoirs européens, on trouve toute une série de matières que les définitions les plus larges ne qualifieraient plus de viande, comme des tendons ou des restes grattés sur des os. Rien de nocif dans tout cela, ni peut-être de plus écœurant que les autres choses que l'on vient chercher aux abattoirs. Le fait est que ces entreprises ne s'en encombrent pas, et on peut donc supposer que ces matières sont réutilisées. Mais on ne nous le dit pas clairement. Seule la couenne est parfois indiquée sur une liste d'ingrédients.

Le fait qu'après la crise de l'ESB le soja soit devenu la principale source de protéines de l'alimentation animale a ouvert les portes des marchés européens en grand aux produits génétiquement modifiés des groupes semenciers. En Allemagne, il y a encore beaucoup d'interdits dans ce domaine, mais il n'est pas illégal de nourrir ses animaux avec du soja transgénique.

En outre, si des aliments contiennent de la viande d'animaux nourris de la sorte, rien n'oblige les entreprises à l'indiquer dans la liste des ingrédients. D'autres aliments connaissent des lois tout aussi indulgentes, regardez donc l'emballage de votre chocolat !

Dans quelques pays européens, comme au niveau de l'Union, la question de l'étiquetage des aliments génétiquement modifiés n'est pas simplement un problème de convictions politiques. Cela fait des années qu'une vive querelle oppose l'Amérique du Nord à l'Europe pour décider qui, et dans quelles circonstances, est en droit de frapper d'anathème des marchandises produites de l'autre côté de l'Atlantique. Cela fait des années que les Etats-Unis menacent de taxer les automobiles européennes à l'importation, si l'Europe n'accepte pas, enfin, de laisser entrer sur le continent des matières premières génétiquement modifiées et des aliments produits essentiellement à base de telles matières. Cela provoque des situations absurdes : ainsi, l'industrie automobile allemande exerce une pression sur son propre gouvernement, auquel elle demande de ne pas faire tant de manières quand il s'agit de ces intérêts américains. Car rien ne les effraie davantage que des barrières douanières aux Etats-Unis, qui leur rendraient l'accès à cet important marché plus difficile. Et quel gouvernement allemand peut tenir tête à l'industrie automobile ?

La viande de gibier nous donne un autre exemple d'interprétation fantaisiste de ce devoir d'étiquetage. Là encore, il a fallu qu'un scandale fasse les titres des journaux télévisés des heures de grande audience pour qu'on s'y intéresse. La plus grande entreprise européenne de production de gibier a fait parler d'elle en raisons de conditions hygiéniques déplorables.

Parmi les reproches colportés par les médias : on avait trouvé du sang provenant de la production jusqu'aux portes du complexe, et des formulaires d'importation falsifiés. La presse à sensation a même parlé de rats dans les hachoirs de l'usine.

Même en comptant les cerfs et les chevreuils d'élevage, les quantités de gibier vendues en boîte ou proposées sur les cartes des restaurants allemands ne peuvent pas correspondre à la réalité.

Les médias évoquent parfois brièvement la destruction des sols par une surfertilisation constante. L'engrais fournit à la terre des substances nutritives dont elle n'a absolument pas besoin. Il suffit d'imaginer un organisme humain qu'on nourrirait sans discontinuer, en trop grandes quantités et en lui donnant toujours la même chose – il n'en devient pas plus performant. Ce qu'on inflige aujourd'hui au sol dans de nombreuses régions d'Europe contredit absolument ce qu'on a fait pendant des siècles d'agriculture traditionnelle. Une ferme traditionnelle pratiquait à la fois l'agriculture et l'élevage. Les substances nutritives prises au sol lui étaient à peu près rendues par le fumier produit par les animaux et les hommes et réparti sur les terres. Malgré cela, le sol s'appauvrissait en substances nutritives avec les années, et les récoltes devenaient de moins en moins abondantes. On peut toutefois résoudre ce problème en variant de temps en temps les sollicitations du sol ; cette pratique, du nom d'assolement, comprend classiquement trois ou cinq cultures, ou soles différentes. C'est ainsi que l'agriculture produisait autrefois de l'énergie, tandis qu'aujourd'hui elle utilise d'immenses quantités d'énergie qu'elle fait venir d'autres continents pour ce qu'on appelle la transformation, par exemple sous forme de soja ou d'énergie moderne comme l'électricité ou le carburant pour ses unités de production industrielle.

La fertilisation organique, soit le dépôt sur le sol d'excréments d'animaux de la production de viande, apporte à la terre des quantités excessives d'azote. L'azote étouffe alors toute vie dans le sol, au lieu de la favoriser – ce qu'il ne fait que quand il est présent en bonne quantité. Mais il n'y a pas d'alternative à ce dépôt du fumier sur les champs. Il faut bien le mettre quelque part. L'expérience néerlandaise que nous avons évoquée plus haut n'a pas fait école. Le fumier est donc principalement déposé à proximité des animaux qui le produisent, et c'est pour cela que le canton de Vechta est aussi pollué. Mais la masse de fumier inutile fait souvent aussi un petit voyage. Si l'on trace des cercles concentriques autour des Pays-Bas, ou des länder allemands du Schleswig-Holstein et de Basse-Saxe, ou encore autour de la Basse-Bavière, on trouve de nombreuses régions qui risquent d'être asphyxiées par l'azote. Le nom de ce phénomène : tourisme du fumier ! Des bourses de substances nutritives, ou plutôt des "bourses de fumier" organisées par les chambres d'agriculture locales en sont la base : "Des services d'aide aux exploitations et des associations agricoles utilisent le trop-plein de substances nutritives d'engrais agricoles, en particulier de fumier, pour assurer la pérennisation des unités de transformation." En clair, cela signifie que des paysans qui ne pratiquent pas l'élevage se regroupent de manière informelle pour se partager des machines très onéreuses dont ils n'ont pas besoin en permanence, comme les moissonneuses-batteuses ou les machines à récolter les betteraves.

Ce sont les associations agricoles qui commandent du fumier pour leurs champs. Les services d'aide aux exploitations sont les entreprises qui possèdent ce genre de machines. Ce service loue les machines aux fermes, souvent avec le personnel qui sait s'en servir. Enfin, l'unité de transformation est un des concepts obscurs du vaste monde de l'agriculture. La transformation est le processus par lequel on transforme un animal mort en une escalope ou une tranche de saucisse. La bourse de fumier va dans le sens de la directive européenne sur la protection des émissions toxiques. Si, dans ce cadre, des entreprises industrielles "propres" peuvent vendre des licences à des entreprises "sales" afin qu'elles puissent émettre plus de substances nocives que la loi ne leur permet, ici les exploitations qui emportent du fumier soulagent les fermes qui produisent de la viande. Celles-ci doivent en effet prouver qu'elles peuvent trouver une manière sensée de se débarrasser d'au moins une partie de leur fumier. L'une des deux solutions est de posséder des terres susceptibles d'accueillir ce fumier. L'autre, ce sont les bourses de fumier. Mais finalement tous les élevages ont besoin de terre. Car la plupart des animaux, dans les exploitations qui les destinent à l'abattoir, n'ont pas d'enclos. Les bourses de fumier ne résolvent finalement pas le problème de fond. On a des quantités astronomiques de fumier animal en Allemagne, et ce moyen permet seulement de répartir cette masse. La population n'est confrontée à l'existence de grandes quantités de fumier que lorsqu'un réservoir explose et ensevelit un village tout entier, comme cela a été le cas dans le massif de l'Erzgebirge en 2005 ou dans la région du Haut-Palatinat en 2006. Tout sent très mauvais, et les communes voisines vont se moquer pendant des années, mais cela n'a guère de conséquences à long terme. Peut-être qu'on pourrait se débarrasser de ce fumier dans des unités de production de gaz écologique, mais pour l'instant celles-ci ne disposent pas de lobby industriel.

Le problème que constituent les bovins et les porcs des fermes allemandes et européennes ne se réduit cependant pas à la masse de déchets et de substances nocives qu'ils produisent. Les quelque 40 millions de bovins et de porcs qu'on trouve rien qu'en Allemagne représentent une quantité de viande qui ne peut être absorbée par le marché local et pose un problème d'exportation à la Communauté européenne, qui le résout il est vrai avec beaucoup de flexibilité et d'imagination.

Que ce soit dans une région, un land, en Allemagne ou à l'échelle de l'UE, les cultures locales ne suffisent pas à nourrir le nombre incroyable d'animaux qui y vivent. Vechta ne peut pas nourrir ses animaux. De même pour l'Allemagne. C'est bien là le malheur des Brésiliens. L'importation de nourriture par l'Allemagne et l'Europe prive les sols, de l'autre côté de l'Atlantique, des substances permettant de continuer à produire. L'idée que cachait le projet néerlandais n'était pas si bête que cela. Compenser l'importation de nourriture par une exportation d'engrais – même si, au départ, le projet n'était qu'une réponse à une situation d'urgence. Après tout, les sols aux Pays-Bas sont parmi les plus endommagés au monde, tandis qu'au Mato Grosso, recouvert jadis par la forêt tropicale, tout ce dont la culture du soja a besoin doit être apporté de l'extérieur sous forme d'engrais synthétique !

L'engrais organique qui enrichit les sols européens cause de vastes problèmes. La biodiversité est menacée, et dans les nappes phréatiques il y a de plus en plus de nitrates. Josef H. Reichholf est l'auteur d'une statistique qui, depuis sa parution en 2004, a été reprise par de nombreux conférenciers pour susciter l'étonnement ou l'indignation. Selon cette étude, c'est l'agriculture qui, en Allemagne, serait le principal responsable de l'appauvrissement de la diversité chez les mammifères, les oiseaux, les reptiles et les amphibiens.

Mais on trouve chez Reichholf une statistique encore plus étonnante. En partant du nombre d'oiseaux dans les lieux habités par l'homme, il prouve qu'en Allemagne les vrais paradis de la nature ne sont pas à la "campagne", dans un décor idyllique à l'opposé de la ville. Oiseaux, papillons et petits mammifères ont bien plus de place en ville que dans une campagne dominée par une agriculture qui l'empoisonne. Plus la ville est grande, plus il y a d'espace pour un grand nombre d'espèces animales – à l'exception, bien entendu, de grands mammifères comme les ours ou les loups. L'espace de la "campagne" est contaminé depuis longtemps, l'idée romantique d'une maison à soi dans la nature s'avère une fois de plus n'être qu'une illusion.

La production de viande de l'Union européenne a des conséquences dévastatrices. L'Europe est en fait à l'origine d'un triangle de dévastations. Si l'on peut considérer que les destructions internes – sols détruits, bases de la faune et de la flore perdues pour toujours – relèvent de la responsabilité de l'UE elle-même, les conséquences sociales et politiques qui affectent l'Amérique du Sud et l'Afrique ont un lien direct avec ce qui se passe sur notre continent. Au Brésil, on détruit petit à petit la plus vaste forêt tropicale du monde pour que l'Europe puisse produire de la viande. Et la population des régions concernées n'en profite guère, car la quasi-totalité de l'argent va dans les caisses de grandes entreprises. En Afrique, même l'industrie ne profite pas de ce commerce avec l'Europe. Car les pays africains qui disposent d'une production industrielle importante, sans parler d'un accès au marché mondial, sont très rares.

L'UE exporte vers l'Afrique plus de matières premières que de produits finis. Il s'agit en particulier de sucre de toute sorte et de produits des moulins, depuis la farine et le malt jusqu'à la fécule ; la viande n'occupe que la cinquième place sur la liste de ces exportations. En 2005, Attac a calculé qu'à elles seules les exportations de volaille avaient fait perdre leur travail à 100 000 personnes dans les pays ACP africains. Seule une partie d'entre elles était des producteurs de volaille, et pas des plus grands. La plupart des personnes touchées travaillaient dans la transformation, la vente ou la production d'aliments pour bétail. Dans de nombreux pays d'Afrique centrale ou de l'Ouest, qui sont les plus sévèrement touchés par la politique de vente de la viande de l'UE, il est difficile d'avoir des statistiques fiables. On ne peut donc pas vraiment aller dans le détail, et nous devons nous replier sur d'autres informations. Au début de la décennie, la production de viande de volaille au Ghana s'est complètement effondrée sous l'offensive de l'Union européenne. Il ne s'agissait pas là du secteur économique le plus important de ce pays d'Afrique de l'Ouest. Mais si l'on considère par exemple que la production de riz a été brisée dans les années 1990 à cause du riz américain subventionné et vendu exprès à des prix dérisoires, et que l'UE ne procède pas autrement avec ses excédents de viande de bœuf qu'elle ne l'a fait avec la volaille, on peut se douter de la vitesse à laquelle tous les marchés intérieurs du continent vont être détruits. Le Ghana importe aujourd'hui son riz des Etats-Unis.

Dès 1993, Jeremy Rifkin décrivait dans son livre *Beyond Beef* quelques faits frappants. Il montrait qu'à cette époque on avait déjà déboisé 25 % des forêts tropicales d'Amérique du Sud pour faire de la place à l'industrie des bovins. Il expliquait également (encore plus effrayant) que les besoins en eau et en énergie causés par l'élevage de bovins dans le monde entier constituaient pour l'environnement une pollution deux fois plus importante que la totalité des émissions nocives de l'industrie nord-américaine. Josef H. Reichholf manie lui aussi les chiffres : il compte 1,5 milliard de bovins sur la planète, et un peu plus de 6,2 milliards d'humains. Selon que l'on parte d'un poids par bovin de 500 ou 800 kilos, cela signifie que les bovins pèsent 2,5 à 4 fois plus lourd que notre espèce sur la surface du globe – et la plupart de ces 1,5 milliard d'animaux ne naissent, sous la surveillance et avec l'aide des humains, que pour livrer à ceux-ci viande et lait.

Même si le nombre de ces animaux paraît incroyablement élevé, on trouvera sans doute toujours des gens pour dire que l'homme a bien le droit de s'occuper de sa nourriture et que le bovin, qui lui livre sa viande, fait partie intégrante de ce système. Mais les surfaces utilisées par les bovins, en particulier dans les pays où la terre est moins chère qu'en Europe, comme au Brésil, où vivent 200 millions de bovins, en Australie ou aux Etats-Unis, sont tellement importantes qu'aujourd'hui, sur le sol utilisé pour un seul bovin, on pourrait produire suffisamment de nourriture pour cent personnes.

V

LE POISSON

*Les farines de poisson, l'aquaculture**
et le nouveau saumon géant

Atlantique nord. La mer est agitée et soulève le chalutier baptisé *Scorpion*. Les pêcheurs ont l'habitude et leurs mouvements sont aussi sûrs que s'ils étaient sur la terre ferme. A pleine vitesse, ils tirent leurs deux filets par-dessus le cabestan à l'arrière du bateau. Puis ils étalent les filets et placent leur contenu dans des caisses. A deux, ils les déposent ensuite sur une sorte de grande table située au centre du bateau. On y trouve d'autres caisses, dans lesquelles les pêcheurs trient le produit de la pêche.

"Je m'appelle Dominique Cleuziou, j'habite à Concarneau, qui est un port de pêche. Je pratique ce métier depuis l'âge de quinze ans. Je suis quelqu'un de très, très ponctuel. Et quand je dis ponctuel, c'est à la minute près. Peut-être que ça ne paraît pas grand-chose, mais quand je vois la nature à terre, par exemple cette famille de renards que je vois tous les matins, eh bien si le soleil se lève deux minutes plus tôt, et que je passe deux minutes plus tôt à un endroit précis, je suis sûr de voir les renards. En mer, pour la langoustine, c'est exactement pareil. Elle a une heure pour sortir, et c'est à la minute près. J'ai vu pêcher 70 kilos de langoustines en dix minutes, ou rien parce qu'on était là au mauvais moment. Si je vous raconte ça, c'est pour vous montrer la précision de la nature. On ne joue pas avec elle. Il faut être comme elle si on veut pêcher."

Les visages des hommes se détendent à mesure que les quantités de crevettes et de sardines augmentent dans les caisses. C'est une bonne pêche, ils ont fait du bon travail. De temps en temps, Dominique Cleuziou plonge sa main dans l'un des filets ou dans une caisse, et en tire une prise particulièrement impressionnante. Il présente ainsi une julienne à la caméra, un poisson qui vit dans les profondeurs de la mer. "On l'a pêchée tout à l'heure lorsqu'on est passé à côté de l'épave. C'est un poisson qui vit dans les épaves." Quelques-uns des gros poissons sont des prises uniques, on ne les met pas avec les autres, ils sont la fierté du jour. Le tri n'est pas encore fini qu'on a déjà vidé les premiers poissons de bonne taille. L'équipage sait qu'une fois au port il pourra les vendre sur le marché immédiatement.

"On fait avec nos moyens, et l'industrie, elle, se sert de l'électronique. Je compte le nombre de houles qu'il y a sur une distance de dix mètres. Là j'évalue à deux rouleaux, ce qui équivaut sur le fond à peu près à une hauteur de deux mètres. Il y en a une qui va s'écraser, et normalement l'autre va arriver, la voilà. Donc, j'évalue ça à deux houles, ce qui équivaut sur le fond à peu près à deux mètres. S'il y en a trois, ça va faire trois mètres, s'il y en a quatre, ça va faire quatre mètres de haut, mais sur le fond de la mer en dehors de la baie de Concarneau. Quand on arrive à la digue, je regarde si l'eau danse. Ça va définir si je peux sortir ou pas. Avant d'arriver à bord du bateau, ma journée est pour ainsi dire faite dans ma tête, parce que ça va me décider à aller à tel ou tel endroit."

La meilleure prise de cette sortie est un énorme turbot breton. Cleuziou pose avec lui devant la caméra. Toute sa fierté et sa joie se lisent sur son visage. Ce géant plat est le plus cher des poissons de consommation classique, et l'un des plus délicats. Aujourd'hui, la plupart des turbots sont le produit de fermes d'élevage françaises, car la demande dépasse de loin les ressources de la mer. Des avions partent chaque jour pour le Japon, où on vend ce produit de luxe encore plus cher qu'en Europe. Pour les transporter, les poissons sont presque congelés. Ils sont placés dans une eau à un peu plus de zéro degré, si bien qu'ils sont raides, mais leur métabolisme fonctionne encore. Le Japon n'achète pas de produits surgelés. Mais ce n'est pas le problème de Dominique Cleuziou. Il est breton, il est pêcheur, et il attrape régulièrement des turbots comme celui-ci.

"On a un *logbook*, un livre européen, où on est obligé de faire nos déclarations de capture. Quand j'ai vu ce carnet de bord arriver, je n'ai pas été content du tout. Ces gens qui s'intéressent à nous, ce sont des financiers. L'Europe est en train de changer complètement la pêche. Pendant une dizaine d'années, sur mon bateau, je n'ai jamais eu affaire à des scientifiques, et puis du jour au lendemain ils viennent nous voir. Ils essaient d'avoir notre savoir, de savoir ce qu'on pêche à la journée, ce qu'on pêche à l'année, et ce qu'on gagne comme argent."

La pêche est l'un des moyens traditionnels pour l'homme de se procurer de la nourriture. Le poisson est très riche en protéines et facile à préparer, et dans la plupart des cultures les hommes étaient capables de le capturer ou de l'élever, mais aussi de le conserver, séché ou en saumure. La pêche en eau douce s'est développée avant la pêche en haute mer, elle était techniquement plus facile. Pour comprendre comment on a systématiquement développé la pêche en mer, il suffit d'observer les pêcheurs dans de nombreux pays d'Afrique ou d'Asie, qui partent avant le lever du soleil sur de petites embarcations en bois. Aujourd'hui, ce sont des bateaux à moteur, mais pendant des siècles leurs ancêtres sont sortis en mer à la rame sur des embarcations similaires. La pêche maritime était un métier lucratif, mais dangereux.

"On a fait des zones, des carrés sur une carte, pour définir notre zone de pêche, notre temps de pêche et le nombre de traits qu'on fait par jour. On doit tout leur donner. Le mètre carré, dans ma tête, il correspond à tant d'euros par an. Si un petit bateau pêche tant au mètre carré, eux ils pensent qu'avec un grand bateau on va multiplier ce chiffre par dix ou par cent, mais c'est faux."

C'est au cours de ces cent dernières années que la pêche a connu les développements techniques qui ont rendu possible l'exploitation mondiale des réserves de poissons, aussi bien dans les eaux continentales que dans toutes les mers. Sonar, techniques de navigation et communication d'un côté, transformation directe en mer de l'autre ont fait de la pêche un secteur industriel qui n'a rien à envier aux autres branches. C'est ainsi que le volume mondial de la pêche a été multiplié par six dans la seconde moitié du XXe siècle. Ce comportement agressif de l'homme explique que dans la moitié des zones de pêche des poissons de mer les réserves ont dangereusement diminué.

"Il me reste à peu près trois, quatre ans à faire dans le métier. Je vais finir avec mon bateau, et il va être cassé par l'Europe. On va diminuer le nombre des bateaux, mais je ne crois pas qu'on va résoudre le problème avec un plus petit nombre de bateaux plus gros. Je pense que nous, les pêcheurs, nous arrivions peut-être mieux à gérer la chose. On n'intensifiait pas nos efforts toute l'année, alors qu'un gros bateau aura tendance à s'intensifier sur sa zone, et ce sera peut-être l'extinction complète des espèces. Enfin, moi, je le vois comme ça, mais l'avenir le dira."

Les fermes piscicoles existent depuis plusieurs centaines d'années, mais souvent on leur donne aujourd'hui le nom d'aquaculture, un concept plutôt opaque. Cette méthode d'élevage est apparue car il s'agissait d'un moyen plus simple que la pêche en rivière d'avoir des poissons d'eau douce. Depuis vingt ans, l'aquaculture occupe une place de plus en plus importante dans la production mondiale de poissons. Ces fermes aquatiques nous préparent un futur qui ne va pas seulement changer notre alimentation de manière inédite. Le poisson qui, selon la volonté de l'industrie alimentaire, devrait atterrir sur nos assiettes dans quelques années à peine va complètement redéfinir l'écosystème de notre planète.

Depuis janvier 2002, le commerce de détail et l'industrie sont obligés d'étiqueter le poisson. Le poissonnier qui dispose ses filets et ses poissons entiers sur la glace pour montrer à ses clients que tous ses produits sont frais doit accompagner chaque variété de poisson d'un écriteau explicatif. On doit pouvoir y lire la dénomination officielle du poisson et d'où il vient, c'est-à-dire où le pêcheur l'a pris dans ses filets. On a le choix entre les dix-sept zones de pêche mondiales, parmi lesquelles l'Atlantique nord-est, la Méditerranée ou l'océan Pacifique. Evidemment, le concept "océan Pacifique" ne fait pas beaucoup de sens, puisqu'il s'agit du plus grand océan du monde, et qu'on ne peut pas savoir si le poisson a été pêché au large du Japon (ce qui est peu probable pour les poissons qu'on trouve dans le commerce en Europe) ou de l'Equateur (ce qui est bien possible !). Cette réglementation vaut également pour les crustacés et les coquillages. L'indication de provenance doit créer une plus grande transparence, et aider le consommateur à prendre la décision d'acheter ou non tel ou tel poisson, tout comme c'est censé être le cas pour les fruits et légumes. Si un cabillaud ou une petite morue portent une étiquette "mer Baltique", on peut partir du principe qu'il s'agit d'un des derniers exemplaires de l'espèce. Et si le vivaneau vient de l'"Atlantique est", il est bien possible qu'un *trawler* européen soit entré par effraction dans la zone de pêche sénégalaise pour le pêcher. En sachant cela, il vaut mieux ne pas y toucher. Pour les poissons pêchés en eaux continentales, on doit lire "Pêche en eaux continentales", ainsi que le nom du pays où la pêche a eu lieu. Si le poisson ou la crevette ont été élevés dans une ferme aquatique, ils doivent être étiquetés "Elevé à..." ou "Aquaculture", avec une indication géographique. Le saumon fumé en tranches en paquet de 150 ou 200 grammes que l'on trouve au rayon frais du supermarché, tout comme la truite au poivre ou l'anguille fumée, doit lui aussi être étiqueté de la sorte. Cette réglementation ne concerne pas les préparations telles que le hareng à la sauce tomate ou les crevettes à l'ail.

Vous êtes en train de penser à la dernière fois que vous avez acheté du poisson frais et de vous dire que votre poissonnier ne satisfait pas à ces critères. C'est bien possible, car la majorité des commerçants ne s'y tient pas ou n'indique pas ces informations de façon parfaitement visible. Certains poissonniers punaisent ces informations à un mur de leur magasin, et personne ne voit qu'il se soucie de ce devoir d'information. Quant aux employés des supermarchés qui vendent du poisson frais, cette réglementation les dépasse souvent complètement. Il ne peut rien se passer de bien grave, dites-vous ? Possible, car un poisson pêché en mer n'est pas forcément meilleur que celui qui a été élevé dans une ferme aquatique. Les poissons pêchés par un *trawler* en haute mer sont parfois dans un état lamentable. Et le poisson qui a été élevé dans des conditions à peu près correctes (cherchez la référence au développement durable) peut réjouir les yeux et le palais. Mais seriez-vous toujours de cet avis si un poisson transgénique se trouvait sur l'étal de votre poissonnier ? Disons un filet de saumon qui vienne d'un animal six fois plus grand que le saumon que vous connaissez. C'est bien à cela que pourrait ressembler l'avenir. L'avenir de la production de poisson pour notre alimentation, évidemment, mais peut-être que ce saumon géant aura d'autres effets importants, en dehors des stations d'élevage.

Comme tous les autres secteurs de l'industrie alimentaire, celui du poisson a radicalement changé au cours des deux dernières décennies. A l'origine de ce changement : les gens auxquels le langage économique donne le nom de consommateurs. Ils ont consommé de plus en plus de poisson, ont accepté, reconnaissants, tout ce que les dernières techniques leur ont offert, et ont acheté à l'industrie des quantités toujours plus grandes de poissons de capture et de culture. Les flottilles ont pêché davantage et toujours plus loin, l'élevage massif a fait perdre au saumon et à la crevette leur aura de produit de luxe et les a transformés en article à bas prix. Poissons et produits de la mer deviennent des marchandises très demandées qui voyagent en avion dans le monde entier. Avec toutes les conséquences que cela implique : la flottille de pêche norvégienne vide la mer de ses poissons pour produire des farines de poissons destinées à l'élevage de saumons ; dans le lac Victoria, en Afrique de l'Est, on a introduit un poisson très apprécié des humains qui y a détruit toute forme de vie ; les mafiosi chinois paient les braconniers sud-africains de l'abalone (dont le prix au gramme est le plus élevé de tous les produits de la mer), qui fait partie des espèces protégées, en drogue, qui entre ainsi dans le pays.

Les conséquences de cette gestion des mers sont souvent limpides. La pêche excessive a ainsi décimé de nombreuses espèces. L'exemple du cabillaud est le plus célèbre. Dans l'Atlantique nord, les populations ont tellement diminué que les reproducteurs ne sont plus guère en mesure d'assurer la survie de l'espèce. La situation du saumon est tout aussi préoccupante, du moins pour les espèces intervenant dans la confection des sushis. Les populations d'espadons sont tellement décimées dans certaines régions que même les Etats-Unis ont mis en place des mesures de protection. Mais les habitants des mers ne sont pas les seuls menacés. L'anguille de rivière a tellement été pêchée que les scientifiques considèrent l'espèce comme éradiquée. D'un autre côté, d'énormes quantités d'anguilles sont tuées chaque année par les centrales hydrauliques qu'elles croisent en descendant les fleuves pour rejoindre la mer. On estime qu'une centrale est fatale à 5 à 10 % des populations migrantes, si bien qu'une poignée de ces installations a tôt fait d'anéantir la plupart de ces poissons. La politique réagit avec lenteur à ce genre de scénarios. Les mesures de protection concernant le cabillaud ont certes été sévèrement renforcées au cours des dernières années, mais pas suffisamment pour faire face à la situation catastrophique des mers du Nord. De plus, on sort toujours des cabillauds lorsqu'on pêche des soles, des plies ou des aiglefins. Et on jette les cabillauds morts à la mer. Si les choses continuent ainsi, le cabillaud fera bientôt partie de l'histoire, ou n'existera plus qu'en tant que poisson d'élevage.

Ces espaces vides dans les mers du Nord de l'Europe sont peu à peu occupés par d'autres poissons. On observe d'importantes populations de sardines là où le cabillaud a nagé pendant des siècles ; on a même déjà vu leur petite sœur l'anchois. Les livres de biologie attendent sardines et anchois plutôt en Méditerranée. Mais en principe cela n'a rien de vraiment sensationnel. Les hommes ne sont pas les seuls à émigrer en nombre. Les mouvements migratoires subaquatiques ont toujours existé. L'ouverture et, surtout, le constant élargissement du canal de Suez provoquent ainsi toujours des mouvements de fuite des poissons, qui quittent la mer Rouge pour la Méditerranée. Personne ne leur a encore demandé pourquoi.

Peut-être existe-t-il dans la mer un système d'informations très sensible qui a dit aux sardines qu'au cours des dernières années l'Europe occidentale s'était mise à la cuisine méditerranéenne ?

L'harmonisation de la production des aliments au sein de l'UE va sans doute contribuer à décimer les populations de poissons dans les zones de pêche régionales des flottilles. Le passage de chalutiers traditionnels, comme celui de Dominique Cleuziou, à des unités plus grandes, qui se chargent de la transformation en haute mer, n'est apparemment plus qu'une question de temps. Les grandes chaînes de distribution exercent une forte pression en coulisses, car elles ne veulent pas dépendre plus longtemps de gens qui considèrent la pêche davantage comme un artisanat que comme une industrie. Voici à quoi pourrait ressembler l'avenir de la pêche : un géant du commerce de détail, comme le groupe français Carrefour (le plus important dans ce secteur après la compagnie américaine Wal-Mart, ce groupe est lui aussi présent dans le monde entier), envoie ses propres *trawlers* en mer, qui vont exploiter aussi bien les eaux européennes que non européennes. C'est directement dans ces usines flottantes que la marchandise est préparée pour ses diverses destinations. Pour les filiales du Nord de la France, où l'emploi n'est plus qu'un souvenir, on ne met pas le même poisson dans les bacs réfrigérants que pour Paris, où on peut gagner beaucoup plus d'argent. Les objectifs qui se cachent derrière ces plans sont clairs. La suppression des intermédiaires n'est qu'une étape. Le contrôle de la pêche est un objectif encore plus important.

C'est l'appétit grandissant des métropoles, en particulier celles qui sont loin de la mer, qui est à l'origine de ce boom inédit du poisson (de mer). Il y a quelques siècles, les riches villes européennes en amont des fleuves arrivaient à se faire livrer des harengs et des moules ; aujourd'hui, les camions réfrigérés desservent toutes les poissonneries et les rayons poisson des supermarchés. Depuis le début des années 1990, la pêche traditionnelle ne peut plus répondre à ces besoins. Cela concerne en particulier l'Europe et les Etats-Unis. En Asie, l'élevage maritime de poissons, et surtout de coquillages, est pratiqué à grande échelle depuis longtemps : en Chine et en Thaïlande, en Corée et au Viêtnam, on pratique l'élevage depuis le XIXe siècle. La Norvège est le seul pays européen à figurer parmi les premiers producteurs mondiaux de poissons d'élevage (elle occupe la dixième place).

Avec une telle demande de poisson, on ne peut envisager de production alimentaire moderne sans aquaculture. Les problèmes qu'elle crée sont semblables à ceux de l'élevage de masse sur la terre ferme. En jetant un œil sur le catalogue constitué par l'association allemande d'alimentation bio Naturland pour ses membres, on a une idée de tout ce que l'installation d'une aquaculture peut détruire : "Les principes de l'aquaculture bio enjoignent à la prudence quant au choix du lieu d'implantation et au type de culture. L'installation de nouvelles aquacultures ne doit pas endommager la végétation ni les écosystèmes environnants. Il convient de faire particulièrement attention aux écosystèmes rares ou menacés, comme les mangroves. Dans les aquacultures bio, la surface de l'eau doit conserver ses fonctions naturelles de frayère pour les amphibies, de lieu de passage pour les poissons ou de repos pour les oiseaux migrateurs. Les oiseaux piscivores ne sont tenus à l'écart des poissons d'élevage que par l'utilisation de faux oiseaux de proie et autres mesures non dangereuses. Les éleveurs veillent en outre à ce qu'aucun de leurs animaux ne s'échappe." Voilà pour les contraintes à respecter par les fermes piscicoles avant même qu'un poisson y ait mangé et déféqué. On peut sans doute partir du principe que les entreprises qui n'ont rien à faire des standards écologiques ignorent simplement toutes ces conditions.

Le circuit nourriture-excréments constitue le second problème de l'aquaculture. Dans un élevage conventionnel, on compte environ quatre kilos de farines et d'huiles de poisson pour un kilo de poisson. La plupart du temps, ces poissons constitueraient une meilleure nourriture pour l'homme et, pêchés en mer, ils sont bien plus savoureux que n'importe quel poisson d'élevage. La sardine, extrêmement fertile et qui s'adapte à tous les environnements, en est le meilleur exemple : elle sert de plus en plus à nourrir les saumons d'élevage norvégiens. Les *trawlers* norvégiens sont donc en mission multiple. Dans leur ventre, on trie le bon du moins bon, les poissons que nous allons faire rissoler dans nos poêles de ceux qui vont être jetés en pâture à leurs collègues au bord des fjords. Non pas sous forme de filets, mais de farines. Parmi d'autres poissons jugés trop ennuyeux par l'art culinaire, ou qui ne font pas l'objet de suffisamment de recettes, comme le merlan ou l'éperlan, la sardine est elle aussi dirigée vers la production de farines. L'usine en haute mer sert donc à la fois les producteurs et les consommateurs.

Le quotidien des fermes piscicoles ressemble à celui de l'élevage sur la terre ferme. Les poissons sont entassés dans des bassins. L'arrivée de nourriture et la lumière sont réglées et contrôlées par ordinateur. Des antibiotiques et autres médicaments favorisent la croissance rapide et la reproduction continuelle des poissons. Dans cet environnement si peu naturel, les poissons sont stressés, ce qui les rend malades et les amène à se blesser entre eux. Comme sur les champs de maïs génétiquement modifié, où rien d'autre que ce maïs ne pousse, des produits chimiques détruisent souvent toute autre forme de vie aquatique, car de vifs petits organismes pourraient bien être fatals aux fragiles poissons. Dans leur espace fermé, les poissons vivent littéralement dans un circuit nourriture-excréments, car ceux-ci restent très longtemps dans l'eau, qui n'est pas nettoyée aussi souvent qu'elle le devrait. En revanche, lorsqu'il s'agit de préparer le produit à la vente, les poissons engraissés sont mis à la diète, afin qu'ils ne salissent pas de leurs excréments l'eau dans laquelle ils seront transportés. C'est dans un état de grand stress que les poissons arrivent à l'abattoir. Et ce stress, nous le mangeons !

Les fermes piscicoles n'ont pas seulement des effets sur la vie des poissons d'élevage et la qualité de notre nourriture. Les conséquences les plus vastes de l'aquaculture se font sentir dans de nombreuses régions d'Asie du Sud et du Sud-Est. Le boom que connaissent toujours les crevettes et autres crustacés de la même famille a transformé de nombreuses régions côtières, en particulier en Thaïlande, où des investisseurs locaux et internationaux, ces trente dernières années, ont mis beaucoup d'argent dans l'exploitation des eaux côtières, souvent avec le soutien de la Banque mondiale. La quantité de crevettes produite dans le monde par l'aquaculture frise les 2 millions de tonnes par an, la Thaïlande en produit à elle seule 250 000 tonnes. L'ampleur de l'élevage de crevettes dans ce pays fait que de vastes pans de côte sont consacrés à la production industrielle. Ce qui a particulièrement touché les forêts de mangroves devant les côtes. Ces forêts n'appartenant pas vraiment à quelqu'un, de nombreux éleveurs thaïlandais ont fait main basse sur ce prétendu no man's land. Pour de nombreuses espèces de poissons qui vivent encore en mer, les mangroves sont le meilleur endroit pour s'occuper des œufs. L'exploitation industrielle et le déboisement des régions côtières ont privé les pêcheurs traditionnels de leur terrain de pêche. En Equateur, avec le Brésil le plus grand exportateur de crevettes hors d'Asie, les pêcheurs ont également perdu de cette manière une grande partie des réserves de poissons – certaines sources évoquent une baisse de 90 % des prises. Les moyens de subsistance des populations côtières sont ainsi systématiquement détruits. Les fermes produisent pour les pays riches, et ne créent pas vraiment d'emplois. Les élevages de crevettes empoisonnent de grandes quantités d'eau, et celle-ci doit être changée quotidiennement. Les 30 % d'eau qui doivent être changés dans chaque bassin ne sont pas seulement souillés par les excréments de ces petits animaux, mais aussi par les restes de nourriture qu'ils ignorent. On compte avec un tiers de nourriture gâchée. Ce qui explique le rapport allant jusqu'à quatre kilos et demi de nourriture pour un kilo de crevettes. Ces fermes ont également des conséquences désastreuses pour les terres. Etant donné que les crevettes vivent dans un mélange d'eau de mer et d'eau douce, le niveau des nappes phréatiques diminue souvent à l'intérieur des terres. Au Bangladesh, une tempête a tué plus de mille personnes parce que les mangroves, qui constituent une barrière naturelle contre les assauts de la mer, avaient été coupées pour faire la place à des fermes piscicoles.

Poissons et crustacés représentent l'un des secteurs de l'industrie alimentaire mondiale qui se sont développés le plus rapidement. Aux quelque 90 millions de tonnes de poissons actuellement pêchées en mer s'ajoute la moitié de ce volume produite par l'élevage. Les avis divergent quant au moment où ces deux chiffres se rejoindront. Cela tient avant tout aux incertitudes concernant l'évolution du volume de la pêche. La plupart des estimations prévoient que ces deux chiffres se rejoindront entre 2030 et 2050. Cela implique de gros efforts de la part des éleveurs. Et vous vous doutez bien que ces efforts ne se limitent pas à l'augmentation des volumes de production.

L'histoire de la perche du Nil est relativement farfelue. La perche du Nil n'est pas à proprement parler une perche, et ne vient pas non plus du Nil. Lorsque les réserves de poissons des colonies britanniques d'Afrique de l'Est se sont mises à baisser, ce poisson, aujourd'hui connu sous le nom de perche du lac Victoria, a été introduit dans le lac Kiogo, en aval du lac Victoria. Cela a dû se passer dans les années 1950, et c'est probablement le fait de pêcheurs amateurs britanniques qui ne se satisfaisaient plus du choix de poissons dans les lacs de leur colonie. Dès la fin de la décennie, la perche du Nil apparaissait pour la première fois en nombre significatif dans le lac Victoria. Ce poisson était grand, facile à pêcher, et les fonctionnaires britanniques jugèrent bon d'introduire d'autres spécimens dans le lac, car ils en avaient assez de devoir consommer les petits poissons qui étaient désormais les seuls qu'on pouvait y pêcher. Dans les années 1960 et 1970, alors que tous les Etats entourant le lac, le Kenya, l'Ouganda et la Tanzanie, étaient déjà indépendants, ce poisson devenu sédentaire était plutôt calme. A la fin des années 1970, la biomasse de ce poisson dans le lac Victoria semble avoir été bien en dessous des 10 %, pour atteindre, en un développement vertigineux, 80 % au début des années 1980. La perche du Nil contrôle aujourd'hui la vie du lac, et est le dernier élément de la chaîne alimentaire. Il a presque éliminé les 350 espèces de poissons locales, et complètement détruit l'équilibre écologique de ce lac gigantesque, plus grand que la Belgique, les Pays-Bas et le Luxembourg réunis. La plupart des perches du Nil pèsent entre 3 et 6 kilos, mais on a déjà pêché d'énormes spécimens de plus de 200 kilos.

Depuis janvier 2004, on trouve sur le marché américain un poisson fluorescent. Avant d'arriver entre les mains des créateurs de Yorktown Technologies à Austin, au Texas, le GloFish était un poisson zèbre. Il l'est toujours, mais il a été croisé avec les gènes d'une anémone de mer. Tandis que le poisson zèbre, produit naturel de l'évolution, est noir et argent, son petit copain génétiquement modifié a un truc en plus. Il brille de tous ses feux dès qu'on l'éclaire. L'entreprise d'Austin l'a développé exprès pour les Etats-Unis, parce qu'elle pense qu'il y a un marché pour de tels poissons d'agrément.

Le GloFish est le premier nouveau poisson que peut acheter le public, mais certainement pas le dernier. Car le marché de l'alimentaire est bien plus important et plus lucratif que celui des poissons d'aquarium. L'entreprise canadienne A/F Protein est à la pointe de la recherche et travaille depuis plusieurs années à un nouveau poisson. Son but est de développer un saumon jusqu'à six fois plus grand qu'un spécimen classique. A/F Protein entend commercialiser son nouveau saumon dans les années à venir, mais pour cela elle doit d'abord passer par les différents procédés d'autorisation dans le monde. L'entreprise rejette les réserves quant à l'élevage de nouveaux animaux. Selon elle, premièrement, les animaux sont stériles, deuxièmement, ils sont enfermés dans des bassins artificiels ou dans des espaces spéciaux et sûrs dans les zones côtières. Ces deux sécurités sont toutefois trompeuses. Ce nouveau poisson est encore en phase d'essai, et le but est bien de le rendre stérile. Mais il n'existe aucun test sur plusieurs années pour confirmer la stérilité des poissons – il y a trop d'argent en jeu, c'est pourquoi il est important pour les entreprises concernées de commercialiser ce nouveau produit. Il n'est pas non plus garanti que les animaux ne peuvent pas s'échapper. On connaît plusieurs cas de gigantesques populations de poissons qui se sont échappées d'un environnement protégé. Il s'agissait toujours d'aquacultures, comme dans l'Etat américain du Maine où, en décembre 2000, 100 000 saumons ont joyeusement pris le large. Etant donné qu'avant leur fuite ces poissons constituaient le capital de la ferme piscicole, on peut partir du principe que les responsables avaient fait tout leur possible pour que les saumons ne puissent pas s'échapper.

100 000 saumons transgéniques, six fois plus grands que la normale, qui s'échappent d'une ferme d'élevage pour refaire leur vie en mer – voilà une vision d'apocalypse. Car personne ne peut prévoir le comportement de ces nouveaux animaux une fois en liberté, nous dire s'ils vont se reproduire et à quelle vitesse, ou s'ils vont décimer les réserves de poissons des océans ; en tout cas, avec cette taille, ils font partie des poids lourds dans le combat pour la dernière place de la chaîne alimentaire. Apparemment, A/F Protein dispose déjà d'un grand nombre de nouveaux saumons. Selon elle, quinze millions d'œufs de saumons transgéniques auraient déjà été commandés à sa filiale Aquabounty. Au cas où les autorisations internationales arriveraient.

VI

L'EAU*

Eau virtuelle, soif réelle

Le réveil sonne. Encore endormi, vous vous extirpez de votre lit. La première chose que vous faites, c'est d'empoigner une bouteille d'eau minérale pour chasser le goût de la nuit en buvant quelques gorgées. Vous faites quelques pas et c'est le programme habituel. Vous faites chauffer l'eau pour le café, vous allez aux toilettes puis prenez une douche, avant de vous brosser les dents. Pour ces quatre actions encore enveloppées du sommeil de la nuit, vous avez quatre points d'eau différents dans votre appartement : l'évier de la cuisine, la chasse d'eau des toilettes, la douche et, enfin, le lavabo de la salle de bains. C'est le standard dans de nombreux pays européens.

Le premier coq du voisinage donne de la voix. Une femme se lève et réveille ses enfants et son mari. Puis elle sert le petit-déjeuner à sa famille, une bouillie préparée la veille au soir. Elle verse le reste d'eau d'un pot en argile dans une tasse que tout le monde se partage. Elle envoie les enfants à l'école. Ils ont la chance d'avoir, dans le village voisin, une école avec une classe unique. L'homme part pour les champs. Il lui faut parcourir presque 10 kilomètres à pied pour y arriver. La femme part dans la direction opposée. Elle doit aller chercher de l'eau, et la petite rivière qui n'est pas encore asséchée est à près de 15 kilomètres. Elle pose une grande cuvette en métal sur sa tête. Quand elle sera pleine, elle pèsera plus de 20 kilos.

La première scène se déroule en Europe, et la seconde, c'est facile à deviner, en Afrique. Evidemment, il y a encore d'autres régions du monde où il est dur d'avoir suffisamment d'eau propre pour mener une vie digne et saine, comme le Brésil, par exemple. Ce déséquilibre de l'eau est donné par la nature. En Europe, nous avons des fleuves et des lacs, il pleut souvent, trop souvent à notre goût. Nous avons de l'eau en abondance, et les crues qui suivent la fonte des neiges nous paraissent chaque fois menaçantes. Nous nous déplaçons sur les fleuves en bateau, et nous utilisons l'eau pour transporter les déchets, refroidir les centrales électriques et, récemment encore, pour faire briller nos voitures tous les samedis. 3 000 ou 4 000 kilomètres plus au sud, le décor est complètement différent. C'est la savane ou la steppe, en Afrique, on n'est jamais loin du désert – vu d'Europe, du moins.

L'eau est l'élixir de vie par excellence. On peut l'exprimer en une formule courante et facile à comprendre : sans eau, pas de vie, ni sur Terre, ni sur Mars. Quand on cherche des formes de vie, on commence toujours par chercher l'eau. Les humains, les animaux ou les plantes ne peuvent exister sans eau. L'homme se compose même à 70 % d'eau, et son cerveau à 80 %. Un beau pied de nez à l'*hybris* des humains, qui sont fiers de dominer la planète. Même le système le plus perfectionné n'est rien sans l'eau. Sans la pluie, céréales et légumes sèchent sur pied. Là encore, les régions d'Europe sont normalement épargnées, mais l'été très sec de 2003 nous a déjà donné une idée des conséquences d'un changement climatique pour l'agriculture. La surface de la Terre se compose à 70 % d'eau, mais seulement 3 % d'eau douce utilisable. Et "utilisable" s'applique à de nombreux domaines, car on n'utilise pas seulement l'eau douce pour boire. Aucune centrale nucléaire, aucune voiture ne fonctionne à l'eau de mer – elles sont toutes deux tributaires de la précieuse eau douce pour leur refroidissement.

La plupart des pays d'Europe et d'Amérique du Nord disposent d'un système d'alimentation en eau potable qui couvre l'ensemble de leur territoire. L'eau sort du robinet quand on l'ouvre. Parfois, il fonctionne également avec un capteur ou une cellule photosensible. L'eau potable vient des grands fleuves ou de puits très profonds. C'est une eau potable de la meilleure qualité qui s'écoule dans nos toilettes. On vend également beaucoup d'eau en bouteille : eau minérale, eau de source, eau de table. L'essentiel des 70 % d'eau potable utilisés par l'agriculture dans le monde entier arrive sur les champs des pays riches.

Nombreuses sont les prophéties des dernières décennies du XXe siècle qui annoncent que l'eau sera l'enjeu des guerres du XXIe siècle. Nombreuses également celles qui estiment que d'ici au milieu du siècle une grande partie de la population mondiale souffrira du manque d'eau potable. Il est question d'un quart, voire de la moitié de l'humanité. Ces prévisions ont toutes été réalisées dans les pays du monde qui ne souffrent pas (encore) de cette pénurie. Tous les débats partent du fait qu'aujourd'hui des millions de gens souffrent déjà de la pénurie d'eau, sans pour autant mettre la résolution de ces problèmes déjà actuels dans les pays du Sud à l'ordre du jour. Car pour l'instant cette pénurie ne touche que les faibles. En observant la situation de pays aussi différents que le Pakistan, le Burkina Faso ou le Brésil, on a tôt fait de constater que pour une grande partie de la population avoir de l'eau propre pour boire et préparer ses repas ne va pas de soi. Ce manque d'eau potable est souvent dû à une mauvaise infrastructure, lorsque l'eau des fleuves n'est pas assainie ou amenée jusqu'aux habitations par un système de conduites. De plus en plus de gens vivent dans des quartiers exclus de l'approvisionnement, pris en charge par des sociétés privées, parce que ces quartiers et ses habitants sont pauvres. Les sociétés en question, souvent actives au niveau international, offrent prioritairement leurs services d'alimentation et d'évacuation des eaux aux quartiers riches.

En Europe occidentale, considérer l'eau comme un enjeu de guerre pourrait, comme toutes les autres prévisions sombres, nous paraître bien loin. Mais il y a cent ans personne n'aurait pu imaginer quelle importance stratégique allait avoir le pétrole. D'accord, les réserves d'eau potable ne sont plus infinies. Mais ces scénarios sont plutôt hypothétiques. Ils mettent en scène des Etats qui privent leurs voisins d'eau douce en détournant des fleuves et en créant des barrages pour les exclure de leur prétendue propriété. Ou d'autres qui, avec leur façade maritime, sont concernés (ou pourraient l'être) par les tsunamis et se replient avec leurs habitants vers l'intérieur du continent, plus sûr. Un conflit du premier type s'est déjà annoncé lorsque la Turquie, à la toute fin du siècle dernier, a construit des barrages sur l'Euphrate, inquiétant ainsi la Syrie, car ce fleuve est sa seule source sûre d'eau potable. La question de savoir à qui appartient l'eau en aval d'une source a d'abord fait l'objet de discussions bilatérales, puis internationales. Mais cela fait longtemps que cette guerre a commencé à un autre niveau.

En 2000, la société de travaux publics Bechtel, dont le siège se trouve à San Francisco, signait avec le gouvernement bolivien, encore dirigé par l'ex-dictateur Hugo Banzer, mais démocratiquement élu, un contrat qui la faisait entrer dans le système californien de l'alimentation en eau. L'accord concernait la ville andine de Cochabamba, troisième ville du pays. Bechtel, responsable de grands projets internationaux comme la construction de tunnels, de barrages et de centrales nucléaires, n'avait jusqu'alors pas particulièrement travaillé dans le domaine de l'alimentation en eau, mais avait plutôt fourni des matériaux solides, comme les barrages. Bechtel a profité des obligations faites à l'Etat bolivien par la Banque mondiale. Il s'agissait de la privatisation de secteurs publics, et en particulier de l'alimentation en eau. Une obligation qui concerne d'innombrables autres pays d'Amérique du Sud, d'Afrique et d'Asie. Le contrat signé avec Bechtel ne réglementait pas seulement les prestations habituelles de l'alimentation en eau et de l'évacuation des eaux usées, mais aussi l'utilisation de l'eau de pluie. On a ainsi interdit aux habitants de Cochabamba de recueillir et d'utiliser l'eau de pluie. Dès l'entrée en vigueur du contrat, Bechtel triplait le prix de l'eau.

La société Bechtel a été fondée en 1898, et elle est aujourd'hui encore aux mains de la famille. Elle est actuellement le sixième groupe des Etats-Unis, et son directeur, Riley P. Bechtel, fait partie des cinquante personnes les plus riches du pays. La famille et la société entretiennent des liens étroits avec le parti républicain. Deux ministres de la Défense ont travaillé chez Bechtel, Caspar Weinberger et Donald Rumsfeld. Avant de devenir ministre des Affaires étrangères de Ronald Reagan, George Schultz avait lui aussi un poste chez Bechtel, et il est aujourd'hui redevenu le conseiller de l'entreprise. On considère qu'il joue un grand rôle dans l'attribution à Bechtel du premier grand marché de construction de l'Irak détruit par la guerre, pour un montant de 680 millions de dollars. On ne peut encore déterminer quels sont les éventuels avantages pour Bechtel de la présence de Paul Wolfowitz, ancien second du ministère de la Défense, au poste de directeur de la Banque mondiale. Le rôle de pionnier endossé par Bechtel dans la privatisation de l'eau en Bolivie n'a probablement été qu'un premier essai, tant pour la société elle-même que pour d'autres grands groupes.

A Cochabamba, les protestations ont commencé peu après l'entrée en vigueur du contrat, au printemps 2000. "L'eau nous appartient ! Merde !" *("El agua es nuestra ! Carajo !")* pouvait-on lire sur la banderole qui rassemblait les habitants de la ville. Cochabamba avait probablement été choisie pour cette expérience parce que la ville a un pourcentage élevé d'Indiens, et que le gouvernement bolivien tout comme la société californienne pensaient qu'il y serait particulièrement facile d'agir. Mais au bout de quelques semaines les protestations se sont transformées en grève générale, réprimée dans la violence par la police et l'armée. Il y a eu des morts et de nombreux blessés, mais on ne dispose d'aucun chiffre sûr. C'est la Coordinadora del agua de Cochabamba, qui rassemblait cultivateurs de coca, paysans, ouvriers et étudiants, qui a fait plier le groupe Bechtel. Puis il y a eu des protestations au niveau international, qui ont poussé le gouvernement et Bechtel à mettre fin à cet accord sur l'eau. L'exemple d'Evo Morales montre lui aussi combien on s'est trompé en tablant sur la faiblesse de Cochabamba. Après ce conflit sur l'eau, l'actuel président bolivien a pu compter sur une population indigène sensibilisée, et ses voix ont été la première pierre de sa victoire électorale de décembre 2005.

A l'hiver 2000, quelques semaines avant la signature du contrat entre Bechtel et le gouvernement bolivien, représentants de gouvernements et ONG* se réunissaient à La Haye à l'occasion du premier Forum mondial de l'eau qui, depuis, a lieu chaque année. Les organisations non gouvernementales avaient exigé des gouvernements qu'ils fassent de l'accès à l'eau un des droits de l'homme. Mettre l'accès à l'eau sur le même plan que l'intégrité physique, par exemple, aurait eu de vastes conséquences sur la politique mondiale. La Haye 2000 est devenu le symbole de l'impuissance des ONG, car les gouvernements, sous l'égide de l'Europe et de l'Amérique du Nord, sont parvenus à leurs propres fins. Leur résolution déclarait certes que l'accès à une eau propre était un besoin essentiel de l'homme. Mais ils auraient pu dire la même chose des vacances ou des déplacements en général. Ils ont refusé d'en faire un droit fondamental. Intégrer l'accès à l'eau à la Charte des

Nations unies sur les droits de l'homme aurait pu obliger des Etats à fournir de l'eau à ses citoyens, ou donner à de grandes sources le statut de bien public.

L'Autrichien Peter Brabeck-Letmathe, P.-D.G. de Nestlé, formule l'intérêt des gouvernements comme étant celui de l'industrie, même s'il va un peu plus loin que ne le ferait un homme politique : "Evidemment, l'eau est la plus importante des matières premières que nous ayons encore sur Terre. Il s'agit de savoir s'il faut privatiser l'alimentation normale en eau de la population. Il y a deux avis différents. Un avis extrême, je dirais, qui est défendu par les ONG, qui veulent absolument que l'eau soit reconnue comme un droit public. C'est-à-dire qu'en tant qu'humain vous devriez être en droit d'avoir de l'eau. C'est la solution extrême. L'autre consiste à dire que l'eau est un aliment. Et que comme tous les autres aliments, elle devrait avoir une valeur marchande. Personnellement, je crois qu'il vaut mieux donner une valeur à un aliment, pour que nous ayons tous conscience qu'il coûte quelque chose, et ensuite on peut essayer d'agir de manière plus spécifique pour cette partie de la population qui n'a pas accès à l'eau, et il y a plusieurs possibilités…"

Les mots de Brabeck-Letmathe résument brièvement les plans de l'industrie alimentaire et des monopolistes de l'eau. Ils entendent gagner de l'argent avec l'eau en tant que marchandise, et l'eau minérale et les systèmes communaux d'alimentation d'eau ne sont pas si éloignés qu'on pourrait le croire. Car tous deux puisent aux mêmes sources. Nestlé est le leader mondial du secteur de l'eau en bouteille. Tout le monde connaît Vittel, Perrier et San Pellegrino. Mais la marque Aquarel, qui a fait l'objet d'un marketing agressif ces dernières années, a elle aussi gagné des parts de marché. Pourtant, contrairement aux prestigieuses marques précédemment citées, qui le suggèrent, Aquarel n'est pas liée à une seule source. Nestlé a créé cette marque à partir de plusieurs sources bon marché, et vend cette eau en Europe à un prix assez élevé.

Mais l'eau du robinet traitée s'est elle aussi imposée dans le monde entier. En particulier dans les pays où l'alimentation en eau n'est pas aussi systématique qu'en Europe, Nestlé a imposé sa marque Pure Life. Il s'agit d'une eau du robinet nettoyée puis enrichie de quelques minéraux. En Europe et en Amérique du Sud, Coca-Cola vend sa variante d'eau du robinet Bonaqua à des prix qui l'apparentent à un produit de luxe. Coca-Cola et son concurrent Pepsi se livrent depuis des années une lutte acharnée pour dépasser l'autre sur le marché nord-américain. Le produit de Pepsi Aquafina, comme son équivalent Dasani, ne coûte presque rien aux deux grands groupes, et ils les vendent ensuite près d'un dollar le litre. Bonaqua, Aquafina et Dasani sont les meilleurs exemples de ce fossé qui sépare les riches des pauvres. Tandis que plus d'un milliard de personnes n'ont pas accès à une eau propre, les plus riches sont prêts, pour de l'eau du robinet sous forme d'eau de table, à payer mille fois le prix de cette eau juste parce qu'elle est vendue en bouteille. Pourtant, en de nombreux endroits, l'eau du robinet est de meilleure qualité que l'eau en bouteille. Se poser la question suivante de temps en temps peut être utile : est-ce que je boirais de l'eau que j'aurais moi même mise dans une bouteille puis trimbalée pendant des semaines dans ma voiture à des températures différentes ? On peut en douter. Voici la question qu'on peut poser en retour : pourquoi l'eau en bouteille se garde parfois aussi longtemps ? C'est le gaz carbonique qui fait la différence. Egalement connu sous le symbole E 290, c'est un conservateur efficace. L'eau gazeuse en bouteille se garde bien plus longtemps que l'eau plate.

L'eau du robinet est évidemment bien moins chère que l'eau de table. On ne peut l'acheter qu'au mètre cube, et en Allemagne les particuliers le paient environ 1,77 euro. Pour une bouteille d'un demi-litre, vous allez payer jusqu'à un euro, uniquement parce que c'est de l'eau de table dans une belle bouteille, et que le produit a occasionné des frais de distribution et de publicité. La valeur réelle de ce produit, qui vous coûte un euro, est tout au plus de 0,002 euro.

En 2000, on a vendu plus de vingt milliards de litres d'eau en bouteille. Ce qui a multiplié par dix le chiffre d'affaires annuel en l'espace de vingt ans. Et selon les prévisions, les ventes vont continuer à augmenter. Conséquence de ce phénomène : de grands groupes internationaux, comme Nestlé et Coca-Cola, rachètent d'innombrables sociétés, sources et réserves naturelles. Cela ne concerne plus guère l'Europe et l'Amérique du Nord. Les nouveaux bénéfices que peuvent y faire ces groupes sont très réduits, et leur stratégie consiste avant tout à conserver leurs parts de marché. Dans le domaine de l'eau, ils ont réalisé les plus gros gains des dernières années en Amérique du Sud, ils concentrent donc logiquement leurs efforts sur cette région du globe.

Les méthodes utilisées par les grands groupes sur les territoires qu'ils ont acquis sont radicales – tout comme l'était le comportement de Bechtel dans la ville bolivienne de Cochabamba. Une réserve naturelle qui abrite la source d'un fleuve fournit de l'eau à tous les humains, animaux et plantes qui vivent en aval. Or ces sociétés, basées dans les pays riches du Nord, agissent avec cette eau comme si elle était leur propriété privée. L'exemple le plus fameux est celui de la reprise du groupe Perrier-Vittel par Nestlé en 1996. La société française avait en sa possession un véritable trésor, le parc d'eau de São Lourenço. Elle y mettait de l'eau en bouteille pour ses marques et la vendait en Amérique du Sud. Cette région est connue au Brésil comme le Circuito das águas, le circuit de l'eau. Dès le XIXe siècle, de petites stations thermales s'étaient développées autour des sources du parc. En 1998, Nestlé a construit une usine au beau milieu du parc d'eau pour produire sa marque Pure Life, déjà introduite en Afrique et en Asie, pour le marché brésilien. Conséquence de ces forages excessifs : une des sources s'est tarie, et Nestlé est allé puiser de l'eau à une telle profondeur qu'elle ne contenait presque pas de minéraux. L'entreprise avait pompé l'eau bien trop vite, sans prendre en considération le temps nécessaire à l'eau, en profondeur, pour se charger en minéraux. Il s'agit ici de la différence entre une "eau jeune" et une "eau mûre". Aucune importance pour Nestlé, puisque Pure Life est harmonisée – elle a toujours le même goût et on lui ajoute toujours les mêmes minéraux – avant d'être vendue comme eau de table. Mais pour tout le monde la qualité de l'eau du parc a baissé.

Un autre exemple de cette utilisation irrespectueuse de l'eau dans un pays où son accès n'est pas évident pour tous a été révélé au monde entier par un procès spectaculaire. Dans la ville indienne de Plachimada, dans la région de Palakkat, Coca-Cola a ignoré les consignes des autorités et pompé pour son usine beaucoup plus d'eau qu'elle n'en avait l'autorisation. Les 1,5 million de litres mis en œuvre pour la fabrication de sept sodas ont littéralement privé d'eau toute la région, car le niveau des nappes phréatiques avait énormément baissé. Le fait que cela se produise dans une région où l'on cultive le riz, un aliment de base qui nécessite beaucoup d'eau, a eu vite fait d'envenimer la situation. Le petit mouvement rassemblant des femmes concernées par le problème s'est vite changé en une vaste alliance. Au vu de la pression politique, Coca-Cola a essayé de corrompre le chef du conseil municipal, mais celui-ci a rendu la chose publique. Une plainte déposée auprès du tribunal de région a finalement eu pour conséquence le départ forcé de Coca-Cola. Ce jugement n'est pas une mauvaise chose. Mais Coca-Cola a toujours plus de cinquante usines en Inde, et il y est le plus grand (mais pas le seul) producteur dans ce secteur. Un litre du produit du même nom nécessite pas moins de neuf litres d'eau, car au cours du processus de production du soda on fait aussi bouillir de l'eau ou on en utilise pour l'entretien.

L'attitude de Nestlé à São Lourenço et de Coca-Cola à Plachimada nous montre quels problèmes apparaissent lorsqu'on considère l'eau comme une marchandise. Cela fait longtemps que le *casus belli* du XXIe siècle, avec des fleuves détournés qui n'atteignent plus certaines régions ou certains pays, est devenu réalité, quoique dans d'autres circonstances. Ce ne sont pas des Etats qui agissent de la sorte, mais des grands groupes industriels, et il paraît très probable que cette chasse à l'eau fraîche va évoluer dans le sens décrit par le P.-D.G. de Nestlé. Si c'est le cas, de plus en plus de gens seront privés d'eau dans un futur proche.

Mais on ne débat encore absolument pas du scénario le plus menaçant que pourrait entraîner la privatisation excessive de l'eau. Peter Brabeck-Letmathe parle au nom de Nestlé, mais aussi d'autres grands groupes intéressés, de la nécessité d'attribuer une valeur marchande à l'eau, comme on le fait pour les autres aliments. Le parcours personnel du chef de Nestlé nous donne une idée claire de la signification que pourrait bientôt avoir l'eau sur la scène politique. Brabeck-Letmathe était *national sales manager* de Nestlé au Chili lorsque le gouvernement Allende a décidé de distribuer aux écoliers du pays, aux frais de l'Etat, un demi-litre de lait par jour. Alors que l'Etat chilien avait l'argent nécessaire pour mettre cette mesure en œuvre, la filiale locale du grand groupe alimentaire suisse, sur ordre du siège, a refusé de lui vendre ce lait. Nestlé avait alors le quasi-monopole du lait dans ce pays. Sans la coopération de Nestlé, qui était normalement dans l'intérêt du groupe (vendre ses produits), le pédiatre Allende ne pouvait pas garantir les intérêts du gouvernement. Cette action allant à l'encontre du b.a.-ba du commerce, on peut supposer que les chefs de Nestlé avaient eu une meilleure offre – pour ne pas vendre. Ce genre d'action politique devient de plus en plus probable dans un monde où les conflits ne se règlent plus nécessairement avec des armes classiques. A partir de cette histoire de lait au Chili, on peut tout à fait imaginer une situation dans laquelle un groupe qui a le monopole de l'eau peut refuser sa marchandise à un pays. Car rien ne lie le groupe à l'Etat, sauf peut-être un contrat. Mais qu'est-ce qu'un contrat ? Si une constellation politique telle que celle qui a opposé Nestlé au Chili réapparaît, à l'avenir, une entreprise pourra couper l'eau à un Etat. Ce genre de scénario est facile à imaginer. L'aggravation de la situation sur le marché international de l'eau n'est pas seulement le fait des multinationales avides. Les Etats de l'Union européenne ont une part égale de responsabilité dans le fait que l'eau ne soit pas considérée comme un droit de l'homme et que, dans les pays pauvres du Sud, on doive payer cette ressource de plus en plus cher. Les anciens prestataires régionaux d'Europe sont devenus des multinationales de l'eau. Les trois plus grands groupes dans le secteur de l'eau se sont développés à partir de prestataires français ou allemands qui, jusque dans les années 1990, s'occupaient souvent d'électricité, de gaz et d'eau. Suez, Vivendi et la société allemande RWE-Thames Water, qui essaie certes de réexternaliser le secteur de l'eau, possèdent aujourd'hui plus de trois quarts du marché mondial de l'alimentation en eau et de l'évacuation des eaux usées au niveau communal, régional et national. Contrairement à la plupart des prestataires européens, les sociétés françaises n'ont pas été nationalisées au XIXe siècle, ce qui leur a donné une avance énorme au moment de l'internationalisation de la question de l'eau.

Suez est présent dans plus de 130 pays. La société a été fondée autour du projet du canal de Suez. Après la dérégulation des marchés européens, Suez a d'abord renforcé sa position dans les pays voisins, avant de s'intéresser à d'autres pays ou continents. Le groupe a à la fois racheté des entreprises rentables, en particulier aux Etats-Unis, et signé des contrats avec des grandes villes dans le monde entier, voire des Etats. Sa filiale Ondeo contrôle ainsi l'alimentation en eau de Puerto Rico et de Chungking, une ville chinoise de plusieurs millions d'habitants. Et celle de la capitale bolivienne, La Paz. Malgré un crédit de 40 millions de dollars américains pour la construction du réseau d'eau, Ondeo n'a pas jugé suffisamment intéressant, sur le plan financier, d'étendre l'alimentation en eau aux quartiers pauvres. Seuls les quartiers riches profitent ainsi de ses prestations.

Le groupe a également lorgné sur l'Allemagne. Son contrat avec Potsdam donne une idée du comportement de Suez-Ondeo. Fin 1997, les conseillers municipaux de Potsdam ont voté la privatisation partielle du réseau d'eau, afin d'utiliser les nouvelles recettes pour boucher des trous dans le budget de la ville. 49 % de la compagnie des eaux ont été vendus à Eurawasser, filiale de Suez, dans l'espoir que le prix de l'eau baisse pour le consommateur, et que les communes fassent des économies. Mais au lieu de baisser les prix Eurawasser les a doublés en l'espace de deux ans. Deux ans après cet accord, la ville de Potsdam s'est séparée d'Eurawasser, ce qui lui a coûté en indemnités une somme dont la ville ne souhaite pas révéler le montant. Une ville de cette taille, mais dans un pays pauvre, aurait sans doute été convaincue par la Banque mondiale, probablement même avec l'aide de son propre gouvernement, d'honorer son contrat.

L'histoire de Vivendi est plus intéressante à raconter. Si ce groupe a suscité l'intérêt du public, c'est notamment parce que le P.-D.G. de l'époque avait surestimé les possibilités du "nouveau marché" et entendait faire de Vivendi, sous le nom Vivendi Universal, le plus grand groupe mixte du monde, qui devait surtout gagner de l'argent avec l'eau et les médias. L'intéressant, dans cette stratégie, est que les différents rachats, comme celui de Canal +, des studios Universal ainsi que de sa société mère Seagram, et d'autres entreprises de télécommunication et d'énergie, ont tous pu être financés par les bénéfices réalisés par le groupe dans le secteur de l'eau. Après l'échec de cette stratégie de croissance constante et la revente du secteur des médias, Vivendi s'est recentré sur son activité première. Le second domaine dans lequel le groupe pratique aujourd'hui encore une politique agressive est celui des transports régionaux. Avec Connex, il possède des sociétés locales de car et transport ferroviaire en Europe. Après son recentrage sur l'eau, l'action la plus discutée de Vivendi a été la reprise du département commercial du service des eaux de Nairobi, la capitale du Kenya. A part réhabiliter le système de tarification, le groupe ne voulait rien faire, pas même entretenir le réseau, et entendait empocher tout de même 150 millions d'euros. Il a fallu que l'opinion publique s'en mêle, au Kenya comme à l'étranger, pour que le groupe Vivendi, présent dans près d'une centaine de pays à travers le monde, entame des négociations de fond avec la ville.

RWE-Thames Water est le troisième gros joueur dans ce domaine. Avant sa privatisation dans les années 1990, le groupe de Rhénanie-du-Nord-Westphalie RWE (Rheinisch Westfälische Elektrizitätswerke) s'occupait d'électricité, de gestion des déchets et d'eau. La reprise de Thames Water, qui alimente en eau la région londonienne, a fait de cette grande entreprise un véritable *global player*, car avec les bénéfices de

Londres le nouveau groupe a immédiatement acquis de nouvelles concessions dans le monde entier. Suez, Vivendi et RWE-Thames Water sont tous trois impliqués dans des affaires de corruption qui leur ont valu l'attention internationale. RWE-Thames Water pense aujourd'hui à externaliser son secteur de l'eau, car le plan consistant à intégrer l'électricité, l'eau et d'autres biens livrés aux particuliers dans un système de compteurs uniques s'avère plus difficile que prévu. Quant à Suez et Vivendi, voici leur nouvelle stratégie : ils estiment qu'il n'est pas rentable d'être présents dans des structures faibles comme les pays africains, car on y fait de trop maigres bénéfices. Pour se lancer dans des projets de ce genre, ils attendront désormais de toucher des subventions d'aide au développement.

Au début de la décennie, alors que Vivendi menaçait de s'effondrer, plusieurs sociétés, dont l'Allemand RWE-Thames Water, ont fait des offres pour reprendre le secteur de l'eau. Jacques Chirac lui-même a fait savoir qu'il n'était pas question de vendre, et que l'alimentation en eau du pays devait à tout prix rester aux mains de la France. Il a pu dire cela en toute impunité, alors que nous vivons à une époque où les pays pauvres sont contraints par la Banque mondiale et l'Organisation mondiale du commerce* à lancer des appels d'offres internationaux pour tous les services.

Ces dernières années, le concept relativement nouveau de l'eau virtuelle prend de plus en plus d'importance dans la discussion internationale sur la consommation du plus vital des aliments. Tandis qu'un homme a besoin de quelque quatre litres d'eau par jour pour satisfaire ses besoins élémentaires, on utilise bien plus d'eau pour produire sa nourriture. Les calculs oscillent aujourd'hui entre 2 000 et 5 000 litres par personne et par jour. Et la plupart des pays européens, dont l'Allemagne, importent de l'eau virtuelle. Ce terme désigne l'eau utilisée pour une seule personne et prend aussi bien en compte le plant de soja qui pousse sur le sol brésilien pour nourrir les animaux d'élevage en Allemagne que le riz importé du Viêtnam, l'ananas du Costa Rica ou le café du Kenya. Le bilan de ce calcul, c'est que les pays où on manque d'eau exportent par ce biais leur or bleu en Europe, sans être dédommagés comme ils le devraient.

VII

LA FAIM

Cash crops*, *subsistance et victimes de la faim*

La faim est l'état dans lequel sont plongés les gens qui ont en permanence trop peu à manger. Ceux qui ne succombent pas rapidement perdent tout ce qui définit leur vie sociale. Faiblesse physique, peur d'une famine durable, incapacité de travailler et de s'occuper de soi et de sa famille, absence de vie sexuelle, risque de cécité, protection faible, puis inexistante contre les infections – voilà tout ce que signifie le mot "faim". Environ un septième de la population mondiale actuelle n'a pas suffisamment à manger et est considéré comme souffrant en permanence de la faim. Toutes les cinq secondes, un enfant de moins de dix ans meurt parce que sa famille ne peut pas le nourrir.

Lorsque l'alerte internationale a été donnée, en juillet 2005, il était déjà bien trop tard. Au Niger, en Afrique de l'Ouest, les 12 millions d'habitants n'avaient plus assez à manger. Les raisons de cette crise sont multiples. En 2004, des essaims de sauterelles d'ampleur biblique avaient dévasté l'Ouest et le Nord-Ouest du continent africain. Les insectes affamés s'étaient attaqués aux champs et avaient mangé tout ce qui leur paraissait comestible. C'est en juillet 2005 que le monde a pris conscience des conséquences de ces dévastations. Dans l'Ouest de ce vaste pays du Sahel, en particulier, cela faisait déjà longtemps que de nombreuses personnes n'avaient plus assez à manger. Les habituelles actions d'aide se sont lentement mises en place, accompagnées par les caméras de télévision du monde entier. Celles-ci nous ont alors montré les habituelles images filmées à l'intérieur des tentes des grandes organisations. Des bébés et des jeunes enfants en état de sous-nutrition, plus proches de la mort que de la vie, dans les bras de leur mère ; des sacs de céréales qu'on sort des avions pour les charger sur des camions ; des médecins et des volontaires expliquant en interview ce qui est fait et pourquoi. Voilà à quoi ressemble la faim.

La catastrophe du Niger correspond exactement à l'image que l'Europe se fait de la faim en Afrique ou dans d'autres régions du monde. Un pays déjà pauvre est victime d'un fléau extraordinaire. Cela peut être une grave sécheresse, mais aussi une incontrôlable inondation, une guerre civile ou, comme au Niger, des milliards de sauterelles qui ont dévoré la nourriture destinée aux hommes. A cela s'ajoute souvent l'incapacité d'un gouvernement, qui ne s'occupe pas du tout de la population ou qui trouve trop embarrassant de demander de l'aide au niveau international. Ces deux facteurs se sont additionnés au Niger. Au Mali, en revanche, un des pays voisins, le gouvernement avait signalé à temps qu'au plus tard à l'été 2005 le pays serait touché par une grave pénurie si on ne faisait pas venir de la nourriture de l'extérieur.

C'est sous cette forme que le monde a connu la faim, dans les années 1970 ou 1980, lorsque le Bangladesh ou l'Ethiopie sont devenus synonymes d'enfants mourant de faim. On ne peut pas éviter ces famines, mais on peut apaiser la souffrance des gens en intervenant à temps et en donnant aux pauvres de quoi les aider à court terme, c'est-à-dire un bol de céréales. Sur les sacs s'affichent les lettres UE ou USA, pour que le monde entier, par le biais des médias, voie qui fait œuvre de charité chrétienne. Voilà la faim que nous connaissons, la faim à laquelle nous nous confrontons, la faim qui est inévitable. Car la vie est injuste.

La catastrophe du Niger est un exemple de "faim conjoncturelle", mais loin des caméras la faim est souvent différente : la situation durable dans laquelle se trouvent de vastes régions du monde, et dont personne ne parle, a un autre nom, la "faim structurelle". Au Niger, une catastrophe inattendue a fait souffrir de la faim tant de gens que même les médias européens et américains en ont parlé. Un gouvernement totalement absent laissait toute une partie de la population mourir de faim, ce que les organisations d'aide humanitaire et leurs quartiers généraux ont révélé au monde. L'aide internationale s'est alors organisée, contre la volonté du gouvernement de Niamey. Cette catastrophe n'est pourtant pas typique de la situation dans laquelle se trouvent les gens qui souffrent de la faim. Au Niger, à l'été 2005, plusieurs dizaines de milliers de gens, au même endroit, risquaient de mourir. Et il a fallu que la faim prenne cette ampleur pour que l'Occident la considère comme une catastrophe.

Presque un milliard de personnes souffrent en permanence de la faim. En 2004, la faim concernait déjà 842 millions de personnes, et ce chiffre est en augmentation. Beaucoup de gens meurent à cause de la faim, sans "mourir de faim". La pénurie permanente de nourriture provoque toute une série de maladies qui peuvent être mortelles. Mais la faim a aussi d'autres conséquences : "Il y a une chose qu'on ne prend jamais en compte quand on parle de la faim, nous dit Jean Ziegler, la faim a de terribles conséquences physiques et psychologiques, tout le monde le sait, ce sont les enfants affamés de Somalie ou du Soudan qu'on voit à la télévision. Ce qu'on ne voit pas, c'est la peur, la peur constante du lendemain. Dans les Etats très pauvres du Nord-Est du Brésil, les mères ont une coutume. Le soir, lorsque les enfants des bidonvilles pleurent parce qu'ils ont faim, les mères mettent une casserole d'eau sur le feu, elles ajoutent des pierres, et les font cuire, et elles disent aux enfants «C'est bientôt prêt», en espérant qu'ils vont s'endormir et arrêter de pleurer. Cela se passe tous les jours, dans des milliers de familles, au Pernambouc, en Alagoas, à Recife, dans tout le Nord-Est du Brésil ravagé par la misère." De nombreuses estimations partent du principe qu'un dixième de la population du Brésil souffre de la faim. Cela correspond à plus de 17 millions de personnes. L'Autriche a 8 millions d'habitants. En 1999, dans le monde, la faim a fait 30 millions de victimes.

En Afrique, mais aussi en Asie, où le nombre de personnes concernées par la faim atteint plus d'un demi-milliard, ce sont surtout les paysans qui souffrent de la faim. Ce qui est particulièrement pervers, car, de tout temps et dans toutes les régions du monde, ce sont toujours les paysans qui ont nourri les gens. Certains ont même fait fortune. Mais depuis quelques décennies ce sont de plus en plus ces paysans qui en souffrent. Non seulement ils ne peuvent plus produire pour vendre, mais très souvent ils ne parviennent même plus à nourrir leur propre famille.

La faim a toujours existé. Partout. En Allemagne, mais aussi dans d'autres pays d'Europe, des millions de gens sont morts de faim dans la seconde moitié du XIXe siècle, parce que l'épidémie de mildiou qui touchait la pomme de terre les avait privés de leur aliment de base. Tout a changé avec les techniques développées depuis la fin du XIXe siècle, notamment avec les machines agricoles, avec lesquelles on pouvait travailler une quantité de terre bien plus importante qu'avec un cheval ou un âne, et l'engrais, sans lequel un sol ne produit pas les quantités que les hommes attendent de lui. L'engrais synthétique est apparu il y a un peu plus de cent ans. Le *World Food Report*, état des lieux publié chaque année par l'Organisation des Nations unies pour l'alimentation et l'agriculture, a constaté en 2004 que l'agriculture, avec ce qu'elle produit, était en mesure de nourrir 12 milliards de personnes. C'est-à-dire le double de la population mondiale actuelle. Il y a donc suffisamment à manger pour tous, mais la nourriture n'est pas bien répartie. Pour Jean Ziegler, cela signifie que lorsqu'un enfant meurt de faim aujourd'hui on l'assassine.

La faim a un visage différent selon les pays. Dans certains pays pauvres, comme le Mali, relativement peu de gens souffrent de la faim, parce que le gouvernement élu se préoccupe sérieusement du bien-être des habitants. Même dans le pays considéré actuellement comme le plus pauvre du monde, la Sierra Leone, la majorité des habitants ne souffre pas de la faim. Car ce petit pays fait l'objet de la plus vaste mission de l'histoire de l'ONU, qui s'occupe de la reconstruction de cet Etat complètement détruit par plus d'une décennie de guerre civile.

Mais la faim ne concerne pas exclusivement les pays considérés comme pauvres. La faim a de multiples visages. Le Brésil est l'un des plus puissants pays agricoles du monde. Sur le sol de ce pays d'Amérique du Sud, on trouve plus de bovins que dans n'importe quel autre pays. Outre de nombreux produits agricoles, le Brésil produit plus de 100 millions de tonnes de céréales par an. Ce qui équivaut, pour les quelque 180 millions d'habitants, à une demi-tonne de céréales par personne et par an. Malheureusement, la majeure partie de cette incroyable quantité de céréales est exportée, si bien que les gens qui en ont cruellement besoin n'en voient même pas la couleur. Une statistique établie par le gouvernement brésilien fait état de 44 millions de personnes extrêmement sous-alimentées, et officieusement, on avance même le chiffre de 50 millions. C'est plus que la population totale de la plupart des pays membres de l'ONU. Un pays aussi riche que le Brésil est ainsi l'un des plus sévèrement touchés par la faim. Enfin, ce sont les gens qui y vivent et n'ont rien à manger qui sont touchés. Là aussi, ce problème est une question de répartition.

Dans presque tous les cas, la faim dans le monde a un lien avec la nourriture produite pour l'Europe ou les autres pays riches. Ce lien est toujours très clair. Quand on achète des bananes ou du café en Europe occidentale, des articles coloniaux classiques, on sait que le prix qu'on paie n'est pas juste. Le travail des paysans d'Amérique centrale ou d'Afrique de l'Est est extrêmement mal rémunéré pour que la marchandise ne soit pas trop chère chez nous. Régulièrement, les intermédiaires du marché des céréales, du café ou du cacao font en sorte que les prix sur le marché mondial s'effondrent, afin de maintenir les pays producteurs en situation de dépendance. Le prix d'une tasse de café chez nous équivaut à un complot : sur ces deux euros, ceux qui cultivent et récoltent le café ne touchent pas même un centième de centime.

Le cacao est un bon exemple de produit colonial classique. Dans les pays proches de l'équateur, les besoins en cacao ne sont pas énormes ; en Côte-d'Ivoire, en Malaisie ou au Ghana, il fait trop chaud pour consommer du chocolat, et de toute façon on n'y trouve quasiment pas d'usines, car dans la plupart des cas les grands groupes ne veulent pas produire sur le lieu de récolte. Ils évitent ainsi que certains endroits soient structurellement trop forts. Après la Seconde Guerre mondiale, le cacao est devenu le principal produit d'exportation du Ghana, son *cash crop* numéro un. Le pays, indépendant depuis 1957, était le premier producteur mondial de cacao dans les années 1960 et 1970. Pour la famille de petits paysans qui vit de l'économie de subsistance, le cacao a une propriété idéale. Il ne pousse pas dans les champs, mais dans les plaines ombragées, humides et chaudes qui sont très répandues dans le Sud du pays. Les familles ne sont donc pas contraintes de renoncer à cultiver une partie de leur champ pour elles-mêmes. En cela, le cacao est différent de la plupart des autres *cash crops*, comme le coton ou les haricots verts, qui obligent les paysans à renoncer à leurs cultures personnelles pour produire pour les pays riches.

Malgré cela, le cacao a été la principale cause de la catastrophe économique au Ghana dans les années 1970. Le prix sur les marchés internationaux s'est effondré à un moment où le pays mettait toute son énergie dans la culture de cette petite fève. Pendant des années, le cacao lui avait rapporté la moitié de ses devises. Evidemment, les petites cultures familiales de cacao ont elles aussi été touchées. Cette chute des prix a été une telle catastrophe pour le pays et son économie parce que dans de nombreuses régions presque toutes les familles pratiquaient la culture du cacao. Il a fallu trente ans pour que l'économie ghanéenne se remette lentement de ce choc.

Les personnes qui meurent à cause d'une industrie alimentaire mondialisée succombent de manières très différentes. Dans nombre de pays pauvres, les jeunes enfants meurent de diarrhée parce qu'ils boivent du lait en poudre dissous dans une eau sale. Au premier abord, ce commerce du lait en poudre semble marginal et n'apparaîtra jamais en grand dans les bilans de Nestlé. Mais le groupe a ses raisons de persister dans cette voie. Dans des sociétés où circule beaucoup moins d'argent que dans les pays européens, les multinationales se concentrent sur un petit nombre de produits qu'ils peuvent maintenir sans gros investissements en publicité : savon, sodas, bière… et produits laitiers. Quand une famille n'a pas beaucoup d'argent, elle va dépenser le peu qu'elle a pour le bien-être de ses enfants.

Les familles de paysans d'Afrique, mais aussi des Caraïbes, se voient privées de leurs moyens d'existence par les légumes européens bon marché et la viande dont on a subventionné l'exportation. Dans de nombreuses sociétés africaines, il n'est pas si facile d'avoir de l'argent liquide. Beaucoup de paysans produisent des céréales, des fruits et des légumes pour leur propre famille, mais ils vendent les plus beaux produits au marché voisin ou dans la grande ville la plus proche, même si une journée de marché signifie souvent un voyage de deux jours aller et retour. Lorsque l'excédent de légumes de l'UE est vendu à des prix dérisoires sur les grands marchés des pays qu'on appelle les partenaires des accords ACP, le paysan (ou la paysanne) n'arrive pas à vendre ses tomates ou ses pommes de terre, et à la fin de la journée il a moins de liquide dans la poche que le matin. Car les transports sont chers, et le trajet jusqu'au marché d'une grande ville doit être payé en espèces. Or la famille, même si elle parvient à se nourrir de ses propres cultures, même si elle habite sur un terrain communal dans une maison qu'elle ne paie pas, même si elle peut troquer ses produits contre quelque chose d'aussi important que du lait, n'a tout de même pas assez pour vivre. Il faut payer l'école des enfants, les vêtements, et tout ce qu'on ne produit pas soi-même. Toute une génération d'hommes jeunes, qui voit qu'elle ne peut pas vivre ou survivre dans ces conditions, part et essaie par tous les moyens de gagner l'Europe. Nous avons tous vu les images de Melilla, où des réfugiés d'Afrique de l'Ouest, ignorant les barbelés et les tirs des policiers espagnols, ont fait un saut de plusieurs mètres dans le vide pour atterrir sur le territoire européen. Beaucoup ont été grièvement blessés, ou tués par les soldats. Ceux qui ne partent pas pour l'Europe prennent le chemin des grandes villes africaines – où ils ne trouvent pas de quoi gagner leur vie non plus. L'inondation de marchés faibles avec des produits subventionnés à l'excès n'est pas un phénomène strictement européen. Les Etats-Unis ont déjà ruiné de nombreux marchés de la sorte, et se sont assuré des moyens durables d'écouler leur propre coton, leur riz ou leur maïs.

Dans les régions très pauvres du Nord du Brésil, où certains Etats sont plus vastes que l'Allemagne et la France réunies, une économie parallèle se développe, qui ne prend pas en compte les millions de pauvres. La culture du soja dans le Mato Grosso ne nécessite pas un personnel très nombreux. On fait travailler ici plus de machines que de main-d'œuvre classique. Et tandis que pousse la nourriture des animaux européens qui vont nous donner des steaks et des escalopes, tandis qu'elle est récoltée et emballée, les affamés, quasiment à côté de ces cultures, cherchent un moyen d'échapper à la mort. Le Nord du Brésil est extrême à tous points de vue : il est gigantesque, et extrêmement pauvre. Mais cette pauvreté totale est loin d'être l'apanage du Nord. Dans les Etats bien plus riches de Bahia et du Minas Gerais, des gens sans domicile s'installent sur la bande d'un mètre de large qui sépare la clôture de l'immense hacienda de la rue. Ils n'ont pas de maison et rien à manger, mais s'ils s'aventurent sur le terrain inutilisé de la hacienda, ils courent le risque de se faire tuer. Soit par les employés du paysan, soit par la police.

Actuellement, la plus grande menace pour l'alimentation est celle qui émane des grands groupes semenciers. La réorganisation totale de l'agriculture mondiale a pour but de contrôler les semences, et, comme on l'a vu, les deux principales sociétés actives dans ce domaine, Pioneer et Monsanto, travaillent toutes deux, de façon complémentaire, à faire disparaître les certitudes acquises en plusieurs milliers d'années d'agriculture. Pioneer mise avant tout sur les légumes et céréales hybrides. La société promet une meilleure récolte, soit en quantité, soit en qualité, qualité mesurée à l'aune de ce qui se vend sur le marché international. Lorsque le paysan s'est laissé prendre au jeu, il est la plupart du temps prisonnier de la cage que lui a construite cette entreprise. Car les semences hybrides ne peuvent être semées qu'une seule fois. Sinon, les années suivantes, les récoltes sont de moins en moins bonnes, si bien que la culture n'est plus rentable et que le paysan doit acheter de nouvelles semences à Pioneer – à moins qu'il n'ait sagement gardé pour plus tard un reste de la dernière récolte conventionnelle, d'un maïs traditionnel qui n'a pas été conçu en laboratoire. Ce qui est très improbable quand il s'agit, par exemple, d'un cultivateur de maïs éthiopien. Par peur pour sa famille, il aura sans doute déjà semé ces graines et nourri les siens avec la récolte. Le paysan a donc le choix entre payer très cher de nouvelles semences Pioneer, utiliser la récolte réalisée à partir des hybrides en sachant que la suivante diminuera d'un quart, ou abandonner l'agriculture, parce que dans des conditions pareilles ce n'est absolument plus rentable. Car nous parlons ici d'un travail éreintant, dont le paysan s'acquitte avec les moyens les plus modestes. Parfois même sans bœuf ou autre animal pour labourer le sol. Cette tâche exténuante ne peut être réalisée sans la garantie d'un rendement minimum. Ce n'est pas la faute des paysans éthiopiens s'ils sont dans une telle misère. Le Fonds monétaire international impose à de nombreux pays endettés, au nom de la débureaucratisation, de faire disparaître des institutions créées pour assurer la sécurité alimentaire de la population. Dans de nombreux pays africains, on avait mis en place des ministères et les administrations correspondantes pour mettre sous protection de l'Etat la commercialisation de *cash crops* importants pour le budget du pays – au Ghana, par exemple, il s'agissait du cacao. Les Etats ont dû dissoudre ces bureaux et lancer des appels d'offres à des sociétés internationales privées. C'est ainsi qu'une société comme Pioneer arrive sur le sol éthiopien parce que les institutions de Washington ont initié un tel tournant. Il nous faut donc supposer que Pioneer veut aussi gagner de l'argent dans les pays pauvres. Pour cette entreprise, il serait en tout cas très positif à court terme que les paysans éthiopiens soient satisfaits du nouveau maïs et qu'ils le commandent année après année. Mais de nombreux paysans, privés de ce qui constituait la base de leur alimentation, abandonnent le maïs et le travail de la terre.

Personne n'a forcé l'Etat roumain à subventionner l'achat de semences hybrides pour les cultivateurs d'aubergines. Sa stratégie est claire : on abandonne le fruit traditionnel qui semble inadapté au marché mondial, et on se consacre à une aubergine qui a toujours la même tête et, évidemment, toujours le même goût. Ses méthodes sont en revanche douteuses, et rappellent ce qu'on apprend à l'école sur les dealers. La première dose est toujours gratuite.

Plus les variétés traditionnelles d'aliments essentiels tels que le maïs, le riz ou le blé disparaissent, parce qu'on a persuadé ou forcé les paysans à travailler avec des marchandises standardisées pour le marché mondial, plus l'héritage régional s'amoindrit, dans les têtes comme dans les granges des paysans, plus les chances sont grandes de pouvoir leur vendre éternellement, à eux ou à leurs enfants, des semences hybrides.

Monsanto va encore plus loin. Son maïs génétiquement modifié et son coton génétiquement modifié promettent des récoltes plus importantes que les variétés traditionnelles et permettent de renoncer à toute une série de pesticides nocifs, car ils sont déjà pour ainsi dire dans la plante elle-même. Et elle n'est pas sensible au produit que la société livre avec les semences. Là encore, les conséquences peuvent être dévastatrices pour les paysans. Le pesticide RoundUp anéantit toute forme de vie sur le champ, détruit toutes plantes et insectes volants. Le succès promis n'est pas toujours au rendez-vous, et comme les semences Monsanto sont elles aussi prévues pour n'être utilisées qu'une seule fois, les moyens d'existence des paysans sont eux aussi susceptibles d'être détruits. C'est la perspective de ce succès qui a appâté les paysans lors de leur rendez-vous dans un bureau local de la société, peut-être dans une petite ville indienne, où Monsanto vend des semences de riz ou de coton. Car les groupes semenciers affirment, premièrement, que leur travail est le seul moyen de sortir de la crise alimentaire, et, deuxièmement, que le prix élevé que les paysans doivent payer pour la marchandise est un gage de sécurité et de qualité.

La réalité est tout autre. Premièrement, il n'y a pas de crise alimentaire. Nous avons déjà suffisamment à manger pour tous les habitants de la planète. Et dans presque toutes les régions du monde, les paysans se plaignent des mauvaises récoltes données par les semences hybrides, peut-être même provoquées par les groupes semenciers. Enfin, la destruction des variétés traditionnelles de céréales, qui étaient le produit d'une adaptation continuelle au sol et au climat, pourrait, si des sociétés comme Pioneer et Monsanto continuent à prospérer, créer une véritable crise alimentaire. Car rien ne prouve encore qu'un maïs développé aux Etats-Unis veuille pousser sur les sols du monde entier.

Dans un communiqué de presse du 2 mars 2006, Monsanto Allemagne loue "l'ouverture à l'innovation" de la chancelière Angela Merkel. Car au printemps de la même année on plantera en Allemagne cinq premières variétés de maïs génétiquement modifié. Le groupe évoque plus de cent exploitations et quelque 1 800 hectares de terrain. Dans ce communiqué, on abrège les semences génétiquement modifiées en "GA", c'est-à-dire "génétiquement améliorées". Pour Monsanto et son concurrent Pioneer Hi-Bred, qui souligne dans ce même communiqué le "signal positif" que cela signifie "pour la technologie génétique verte en Allemagne", il s'agit d'une étape importante. Car la répartition de la nourriture dans le monde et le choix de ceux qui vont survivre ou non sont en partie des décisions européennes.

VIII

CONSOMMER

Carburant écologique, commerce équitable et supermarchés bio

La mondialisation est achevée. La planète est entourée d'un réseau de satellites, on peut communiquer en temps réel avec n'importe quel endroit du monde et chaque région du globe a une place clairement définie dans l'économie globale : consommation, livraison de matières premières, fabrication, planification. Un voyage en mer en direction de l'ouest, entrepris il y a un peu plus de cinq cents ans, peut être considéré comme l'origine de l'ordre mondial moderne. La traversée de l'Atlantique par Christophe Colomb, en 1492, a préparé la voie aux idées politiques qui dominent le monde depuis. On pouvait désormais entreprendre de longs voyages par la mer ; les centres de décision pouvaient être à des milliers de kilomètres des gens concernés par les décrets et les lois ; des souverains sans scrupules prenaient de plus en plus de décisions entraînant la misère de... leurs lointains sujets.

Christophe Colomb était marchand et il a jeté les bases de la transformation des plantes en matières premières, des hommes en marchandise et des pays en marchés. Sa logique voulait qu'il serve celui qui le paie. Il s'agissait ici du couple royal formé par Isabelle de Castille et Ferdinand d'Aragon, à qui la victoire écrasante de l'armée espagnole sur les Maures à Grenade avait donné envie de participer à une expédition outre-mer. On ne sait si Ferdinand et Isabelle pensaient en catégories globales, mais bien qu'on le leur ait déconseillé ils ont eux-mêmes financé la traversée des trois bateaux de Colomb. Le navigateur ne devait avoir en tête que des profits à court ou moyen terme lorsqu'il a présenté son projet devant les cours européennes. Il ne se voyait certainement pas comme un pionnier de l'économie mondiale.

Depuis la dernière décennie du XXe siècle, on voit mieux les relations de cause à effet au niveau mondial. Le fait qu'une information traverse aujourd'hui l'Atlantique plus rapidement qu'un bateau y est sans doute pour quelque chose. C'est pour cela que nous sommes déjà au courant des projets de l'industrie alimentaire, qui se prépare à franchir la dernière étape qui la sépare de la domination des ressources biologiques de la terre. Après le dépôt de brevets pour des plantes transgéniques, ce sera l'élevage et la vente d'animaux plus ou moins réinventés en laboratoire. En Amérique du Nord, cela fait des années que des sociétés y travaillent et dépensent des sommes folles pour développer de nouveaux poissons destinés à l'alimentation des humains. Une fois que ce projet n'aura plus le statut d'expérience, il sera encore plus difficile de s'y opposer que cela ne l'a été pour les plantes, comme le maïs, par exemple.

Apparemment, le consommateur ne s'en préoccupe guère. Il se fait plutôt du souci pour le prix des aliments et des biens de consommation. "Le consommateur" est une invention qui date de la dernière phase de la mondialisation. Après la Seconde Guerre mondiale, ce sont d'abord les mères et les femmes au foyer qui ont occupé le premier plan de la publicité pour les aliments. Elles semblaient être les seules responsables du bien-être de la famille qui, si tant est qu'elle ait survécu à la guerre, était encore intacte. Avec l'atomisation du modèle de la famille, la cible a changé. Evidemment, on voit toujours des publicités mettant en scène une mère et ses enfants, comme celles pour la lessive, par exemple. Mais même le café, qui, pendant des décennies, a fait sa publicité autour de joyeux représentants du troisième âge, devient un produit de consommation à la mode avec ces portions individuelles, très lucratives pour l'industrie. Les protagonistes sont beaux, sans attaches, ils se voient juste un moment pour discuter et faire comme si le cappuccino instantané remplissait leur vie. Même chose pour le sachet de chips.

Ces personnages qui mangent des pizzas, boivent du café instantané et prennent des cachets pour digérer sont ce qu'on appelle "le consommateur". Ils en sont l'idéal type créé par l'industrie. "Le consommateur" peut être un homme ou une femme, mais l'usage officiel fait rarement état de la consommatrice. En Allemagne, de nombreuses organisations ont été créées pour protéger cette créature, et cela ne fait pas dix ans que l'on a modifié l'intitulé d'un ministère fédéral, qui mentionne lui aussi sa protection. Le concept n'est pas faux si on le prend au sérieux et que l'on cherche son origine dans le domaine de l'économie énergétique. Car "le consommateur" mange toutes les ressources de la planète. L'industrie alimentaire est un facteur politique dévastateur. Son activité dans le monde entier fait chaque année plus de victimes que toutes les guerres. On peut regrouper sous le concept d'industrie alimentaire les groupes qui produisent des aliments tout prêts et semi-prêts pour le commerce de détail, les grands commerces de détail eux-mêmes, les plus puissants groupes semenciers et le secteur de l'agriculture industrielle, qui déplace matières premières, aliments pour animaux et produits prêts à la vente un peu partout dans le monde. On peut encore y ajouter les nouveaux géants de l'alimentation en eau, dont le travail recoupe en partie celui des vendeurs d'eau en bouteille.

Il n'est pas très convenable de compter les victimes et de comparer des chiffres. Un jeune enfant meurt au Pakistan parce qu'il a bu du lait en poudre dissous dans de l'eau sale ; un jeune homme est tué dans l'Est du Congo parce qu'il fait partie d'une petite armée ethnique qui n'existerait pas si les fabricants de téléphones portables n'avaient pas besoin du coltan congolais ; dans le Nord-Est du Brésil, une vieille femme meurt de faim parce qu'on cultive à quelques kilomètres de là du soja destiné à l'alimentation des animaux européens, et que ni ce soja ni les bénéfices qu'il permet de réaliser ne sont pour cette région ; une embarcation pleine à craquer transportant des réfugiés se renverse entre l'Afrique et l'Europe, et tous les passagers meurent noyés. Pourtant, ces calculs existent bel et bien. La guerre du Congo est parfois qualifiée de troisième conflit mondial, et on compare le nombre de victimes à celui de la Seconde Guerre mondiale. Nous parlons ici de millions de morts, et chacun et chacune d'entre eux est une victime, qui n'a pas plus choisi que nous autres Européens le ferions de mourir dans un conflit où on se bat pour des matières premières. Pour ceux qui les convoitent, les matières premières dont l'industrie alimentaire a besoin ne valent guère moins que les richesses naturelles qui provoquent des guerres. Le coltan vient du sous-sol, tout comme les diamants ou le pétrole, qui constituent eux aussi un motif pour faire la guerre et tuer des gens.

Tout cela est en lien direct avec les deux objectifs de l'industrie alimentaire : empocher la plus grande part possible de l'argent qui circule dans les pays riches, tout en dominant les marchés des pays pauvres pour pouvoir disposer de leurs ressources. Le fait que les marchés agricoles deviennent moins faciles à catégoriser est une source d'incertitude pour les grands groupes. L'Union européenne gagne ainsi d'immenses surfaces agricoles. En tant que deuxième pays agricole du continent, la Roumanie serait peut-être en mesure de dicter ses propres conditions pour toute une série de légumes et, grâce à ses salaires bas, de redéfinir, par exemple, le prix des tomates ou des poivrons. Ce pays est donc très intéressant pour tous les groupes qui travaillent dans l'alimentaire.

Si l'on quitte la périphérie de l'UE pour observer d'autres régions du monde qui, d'un point de vue de la politique agricole, sont en apparence moins importantes, on peut se demander pourquoi des groupes semenciers américains dépensent tant d'énergie pour détruire la culture du maïs au Mexique ou en Ethiopie. Il y a deux raisons à cela : en marge des grandes puissances industrielles et agricoles, certains pays, dont le Mexique, quelques candidats à l'entrée dans l'UE ou d'autres, qui n'ont même pas ce statut, comme l'Ukraine par exemple, mais aussi des pays d'Afrique du Nord, ont un fort potentiel pour travailler pour les pays riches. Parmi eux, le Mexique, avec un héritage très riche autour du maïs, puisqu'il en connaît d'innombrables variétés, a une place à part. Ce genre de pays, souvent très peuplés, pourraient constituer une sévère concurrence pour les pays agricoles encore puissants dans le système du "libre-échange". Se saisir des ressources locales est donc très efficace pour attaquer directement des paysans qui pourraient disposer de marchandises viables sur le marché international.

La destruction de marchés agricoles qui semblent au premier abord inintéressants pour l'Europe et l'Amérique du Nord a parfois lieu pour des raisons semblables, mais parfois aussi toutes différentes. Il est toujours intéressant de maîtriser des forces qui ont tendance à se développer. Mais contrôler la diversité est encore plus important. Lorsqu'un groupe comme Monsanto, présent dans le monde entier, a la mainmise sur l'héritage de plantes alimentaires aussi importantes que le maïs ou le riz, cette société de la région du Mississipi a accès à la nourriture du futur. A la nourriture de plus de six milliards de personnes. Et cet accès doit s'exprimer en chiffre d'affaires.

Si l'on fait une liste des principaux aliments pour l'alimentation humaine dans le monde, après le maïs, le riz et le blé, il n'y a guère plus que le soja qui, en dehors de l'Asie, est plutôt utilisé pour nourrir les animaux. Celui qui possède ces plantes, et qui détermine ce qu'est le blé ou le maïs, ne domine pas seulement les livres de biologie, mais bel et bien le monde. Et c'est cela le but. Les milliers de variétés de maïs que l'on connaissait autrefois au Mexique ou les 22 000 sortes différentes de riz, dont le riz noir ou rouge que l'on cultivait en Inde, ne sont pas les signes d'une quelconque diversité culturelle de l'agriculture. Ces variétés avaient un sens. Les paysans les plantaient pour leur goût ou leurs vertus médicinales, parce qu'elles étaient bonnes pour le sol ou se vendaient bien. Elles représentaient aussi le savoir et la richesse des paysans. Et c'est ainsi que s'explique la disparition des variétés de maïs au Mexique. Imposer les variétés classiques avec du maïs transgénique est donc très intelligent si on veut le détruire, et avec lui la culture agricole dont il est issu.

Celui qui détiendra le brevet du maïs tiendra le monde par la faim et la consommation. Voici à quoi ressemble le scénario catastrophe : quelques groupes semenciers ont atteint leur objectif et cassé le principe premier de l'agriculture. Les pays sont désormais rares où les paysans obtiennent leurs semences par la voie traditionnelle, c'est-à-dire à partir de la récolte de l'année passée. Presque partout, les agriculteurs sont obligés d'acheter chaque année leurs semences auprès des succursales des groupes semenciers. Celles-ci proposent, dans le monde entier, six variétés différentes de maïs, un peu moins de vingt variétés de riz, et à peine deux sortes de blé.

Le groupe Monsanto, de Saint Louis, dans le Missouri (Etats-Unis), est un très bon exemple de la stratégie des groupes semenciers. Monsanto fait une publicité agressive dans les pays industrialisés, mais aussi dans les pays pauvres. Sa promesse : les hybrides génétiquement modifiés de la région du Mississipi donnent des récoltes de maïs plus importantes, mais aussi de coton, car c'est l'un des autres secteurs de Monsanto. Le résultat est souvent décevant. On connaît par exemple l'échec qu'a été la culture de coton en Inde. Le paysan qui a déjà vendu ou utilisé les fruits de sa dernière récolte avant de conclure un accord avec Monsanto ne peut plus faire marche arrière, puisqu'il n'a plus de semences. Pour priver de leurs semences d'autres paysans, qui ne sont pas en affaires avec Monsanto, la société envoie des détectives sur leurs champs et revendique la propriété de récoltes entières lorsque le vent ou un papillon ont fait en sorte que les semences de Monsanto se retrouvent sur le champ d'à côté. Cette stratégie nous laisse entrevoir ce qui pourrait se passer dans les prochaines années. La société canadienne A/F Protein, très engagée dans la recherche et le travail sur les poissons transgéniques, essaie d'obtenir une autorisation pour ses saumons géants au Canada, aux Etats-Unis et au Chili. Etant donné que les sommes investies dans ce projet sont très importantes, le gouvernement canadien pourrait avoir un grand intérêt à valider le souhait de A/F Protein. Les saumons transgéniques existent déjà, ils vivent dans les bassins des entreprises. La recherche industrielle nous assure que ces nouveaux poissons ne représentent en rien un danger pour les populations qui vivent dans la mer. Premièrement, les poissons sont enfermés, ce qui serait la meilleure des protections. Deuxièmement, on travaillerait à rendre ces poissons stériles. Une double protection, donc.

Mais ces deux affirmations contiennent trois mensonges possibles. 1. Ces nouveaux poissons ne restent pas toujours dans un espace clos et protégé. En 1988, lors d'une tempête en Norvège, plus d'un million de saumons qui n'étaient jamais censés vivre en liberté se sont échappés. On ne peut jamais être vraiment sûr de pouvoir retenir de l'eau quelque part.

2. Les chercheurs travaillent effectivement à créer des animaux qui ne puissent pas se reproduire, et soient uniquement destinés à la production d'aliments. Les résultats sont mitigés. Tous les poissons n'atteignent pas la taille prévue, tous ne sont pas stériles. Et les animaux qui peuvent se reproduire alors qu'ils étaient censés être stériles donnent naissance à des poissons qui ne présentent plus aucune des qualités créées par l'élevage, et qui ont plus ou moins l'apparence et le fonctionnement de saumons normaux. 3. On peut enfin envisager un scénario effrayant : pourquoi une entreprise qui élève un million de saumons transgéniques dans un espace fermé en mer devrait-elle faire tellement attention à ce qu'aucun de ces nouveaux poissons ne s'échappe ? Si l'on considère que l'attitude de Monsanto est représentative de ce secteur, on peut s'attendre que la fuite de poissons permette aux éleveurs la chose suivante : dans une poissonnerie de Bruxelles, un client achète un saumon. Ce client n'a aucune intention de préparer un bon dîner. S'il a acheté ce poisson, c'est uniquement pour le faire analyser dans le laboratoire le plus proche. Admettons qu'on constate que ce poisson est porteur de gènes nouveaux, qui ne peuvent provenir que de l'élevage d'une société, disons, canadienne. Le lendemain de ce constat, la police et un avocat viennent rendre visite au poissonnier et confisquent sa marchandise, car il est soupçonné d'avoir vendu la propriété de cette société canadienne sans lui avoir donné d'argent. On remonte jusqu'au grossiste qui a livré le poissonnier, puis jusqu'au pêcheur, et leur marchandise est également confisquée, pour contrôler si, comme le poissonnier, ils ne vendent pas tous deux la propriété des Canadiens, propriété

dont ils disposent illégalement puisqu'ils n'ont pas versé d'argent à cette société. Cette façon de procéder avec les nouveaux poissons correspondrait à celle de Monsanto, qui revendique sa propriété partout où on trouve des traces de ses nouvelles plantes.

L'élevage de nouveaux poissons est une étape très importante pour l'industie alimentaire. C'est la première fois qu'une telle chance se présente. Le contexte est plus favorable que jamais pour modifier une fois pour toutes les bases naturelles de production de nourriture pour les gens qui peuplent cette planète. L'industrie alimentaire a mis la main sur les principales variétés de céréales, et aimerait continuer sur sa lancée. Mais les céréales, comme le maïs et le soja, se tiennent tranquilles. Elles ne bougent pas d'elles-mêmes, et sont tout au plus agitées par le vent, mais reviennent à leur place. Un papillon emporte peut-être la nouvelle graine de champ en champ, et un employé est payé pour faire en sorte que des champs de maïs mexicains soient ruinés. Il en va tout autrement avec le poisson. Car il ne vit pas comme un porc dans son étable, qui est le produit de méthodes d'élevage conservatrices. Le poisson peut bien plus que le porc. Il peut nager d'un continent à l'autre et se mêler à d'autres populations. Qui peut prédire l'ampleur des destructions causées dans les mers par un million de saumons géants en liberté ? Apparemment, il a suffi d'une douzaine de perches du Nil pour qu'en l'espace de deux générations la faune du plus grand lac d'Afrique leur serve de proie et soit plus ou moins anéantie.

Tout cela est possible parce que la perspective de gagner de l'argent avec des aliments pour les humains est séduisante. On peut aussi faire du chiffre d'affaires en vendant des armes, des voitures ou des téléphones portables. Mais la nourriture rapporte davantage, parce que l'homme peut vivre sans voiture, mais pas sans pain. Jeter un œil sur la presse écrite est très instructif. Dans les magazines, on trouve des publicités pour des voitures, car cela vaut la peine : dès qu'on en vend une, on gagne beaucoup d'argent. Dans les publications que lit M. Tout-le-monde, les banques font la promotion de leurs comptes courants, et dans les journaux destinés à une certaine catégorie sociale, elles parlent de leurs fonds. Dans les magazines féminins, on trouve surtout des affiches chatoyantes faisant la publicité de cosmétiques ou de petites voitures. Quant aux magazines pour les seniors, ils sont bourrés d'annonces pseudo-scientifiques vantant les mérites de médicaments. Dans les grandes revues, tous les genres de publicités se mélangent. Mais partout on trouve des annonces pour des produits alimentaires, car tout le monde mange. Dans les quotidiens, enfin, ce ne sont pas les fabricants de produits alimentaires qui apparaissent, mais les grandes chaînes de distribution. Qui travaillent avec les logos des grands groupes qui les livrent.

Se demande-t-on alors : "Que pouvons-nous faire contre l'industrie alimentaire ?", la réponse est : Rien, car ce "nous" n'existe pas. Aucun sujet agissant, organisé au niveau mondial ou simplement local, ne s'oppose à l'industrie alimentaire. Les conditions de départ sont trop différentes. Des paysans éthiopiens ou indiens privés de leurs moyens de subsistance n'ont pas les mêmes motivations que les habitants de l'Europe de l'Ouest. Nombre d'entre eux ne se préoccupent pas de ce que l'industrie alimentaire entreprend pour gagner de l'argent dans le monde.

Dans la ville indienne de Dehra Dun, au pied de l'Himalaya, l'organisation Navdanya a créé une banque de semences, initiative que l'on peut tout à fait qualifier de légitime défense face aux attaques des groupes semenciers sur la biodiversité. A Dehra Dun, on trouve 220 variétés de riz, les semences de légumes secs et légumes, mais aussi de fruits oléagineux. C'est Vandana Shiva, physicienne, activiste et lauréate du prix Nobel alternatif qui est à l'origine de ce projet, et son but est de voir apparaître de telles banques de semences dans tout le pays. Les paysans ne paient pas les semences de Dehra Dun, mais ils s'engagent à donner l'année suivante la même quantité de semences à deux paysans. Depuis 1999, une campagne dont le nom annonce l'objectif principal est également menée en Inde : *"Monsanto, quit India !"*

Des semences traditionnelles gratuites contre les onéreux produits jetables de Monsanto ? C'est qu'il s'agit également d'une protestation contre le concept de propriété, dont les grands groupes abusent. Pour les sociétés semencières, la protection stricte qu'offre un brevet est nécessaire pour couvrir les coûts élevés de recherche-développement. La tentative entreprise par la société texane RiceTec pour déposer un brevet sur le riz basmati ne saurait être justifiée par ce type d'arguments. Cela ne fait de toute façon pas de mal de remettre en question les certitudes qu'on peut avoir sur le concept de propriété. Les grands royaumes africains ne régnaient pas sur la terre, mais sur les hommes. Aujourd'hui encore, dans de nombreux villages, le sol appartient à tous et est mis à disposition pour l'agriculture. La question de propriété la plus controversée est celle de l'eau douce. Dans un Etat faible comme le Brésil, Nestlé peut acheter des sources dans un parc naturel et tellement les exploiter qu'elles en sont durablement abîmées. Longtemps, l'eau a été un bien commun au même titre que l'air que nous respirons. Les conflits actuels opposent la plupart du temps des grands groupes qui entendent posséder le plus d'eau possible, et des initiatives ou ONG plus ou moins régionales, qui sont souvent perdantes parce qu'elles n'ont pas le soutien des gouvernements, et pas assez de visibilité au plan international. Le groupe suisse a pu et peut toujours agir de la sorte parce qu'il dispose d'un contrat stipulant qu'il est propriétaire de cette eau et peut donc en disposer. Mais un tel contrat ignore totalement le fait que la source d'une rivière donne une rivière, et que des gens utilisent cette rivière. A qui appartient l'eau du Rhin côté allemand ? A l'Allemagne, peut-être ? Ou au land de Rhénanie-du-Nord-Westphalie ? Le gouvernement néerlandais déclarerait-il la guerre à l'Allemagne si, quelque part en amont de la ville-frontière d'Emmerich, on détournait le cours du fleuve ? Au Brésil, personne n'a déclaré la guerre à Nestlé, seuls quelques groupes de militants ont rendu la chose publique.

En 1975, la déclaration de Berne publie une brochure intitulée *Nestlé tue-t-il les bébés ?*. Cela a été le point de départ de toute une série d'actions et de stratégies dirigées contre le groupe Nestlé, et qui ont abouti au boycott de Nestlé proclamé aux Etats-Unis en 1977. Cet appel au boycott est toujours d'actualité et a été renouvelé à plusieurs reprises, car Nestlé n'a évidemment pas cédé aux pressions et n'a jamais cessé de vendre son lait en poudre.

On n'est pas obligé de s'attaquer à Nestlé et consorts par le biais d'un boycott organisé. En ne mangeant pas de plats préparés, on évite déjà nombre des best-sellers des grands groupes. Le pouvoir est vraiment aux mains de ceux dont l'argent est convoité par l'industrie alimentaire. Une campagne de publicité ne peut rien contre la décision de ne plus acheter tel ou tel produit, ou d'ignorer tous les produits d'un grand groupe. Il y a d'innombrables façons d'agir. Nous sommes tous conscients que le fait qu'une personne renonce aux produits de la marque Coca-Cola ne va pas faire remonter le niveau des nappes phréatiques en Inde. Mais il n'y a rien de mieux à faire que de choisir à quelle entreprise on donne son argent.

Les alternatives à cette stratégie portent différents noms : l'économie de subsistance est réservée aux durs à cuire, c'est un mode de vie alternatif et individuel. La richesse pour tous attendra encore un peu. Acheter des produits bio ou régionaux est peut-être le moyen le plus simple de contrer la politique de l'industrie, mais cela ne fonctionne pas toujours. En 2005, les aliments vendus sous le label bio représentaient 15 % de chiffre d'affaires en plus par rapport à 2004. Cela fait longtemps que la grande distribution s'y intéresse. Le groupe Plus a une gamme bio depuis plusieurs années, Rewe ouvre un supermarché bio Vierlinden après l'autre. Cela va modifier le statut qu'ont aujourd'hui encore les produits bio. Les produits régionaux sont une alternative sérieuse. S'ils se vendent plus, cela touche tant les multinationales que les compagnies de transport. Les économies régionales créent bien plus d'emplois que le système des grands groupes basé sur la rationalisation du travail. Et l'agriculteur que l'on trouve encore sur les marchés vend souvent ses légumes bien moins cher que le supermarché du coin. Mais la meilleure des stratégies, c'est l'information. Il est toujours utile de savoir quelles dévastations entraîne la production des aliments qu'on retrouve dans les rayons de nos magasins. Car la nourriture est un sujet qui nous préoccupe quotidiennement.

FAIRE UN FILM HONNÊTE

Quand on demande à un manager ou à un commercial dans la région andalouse d'Almería, où on trouve le plus vaste paysage de serres au monde, s'il a déjà rencontré les clients des chaînes de supermarchés européennes avec lesquelles il traite quotidiennement, il secoue la tête, déstabilisé par une question aussi absurde.

Quand on demande à un producteur de poulets de Styrie ce que les clients attendent de lui, il évoque comme priorité absolue "le prix et le respect des délais de livraison". Et il ajoute que le goût n'est pas un critère.

Quand on demande à un agriculteur autrichien qui cultive des céréales comment a évolué le prix du blé au cours des dix dernières années, il répond que ce prix a été divisé par deux, et qu'il a dû multiplier par deux la surface de ses cultures.

Quand on demande au chef de la troisième chaîne de boulangeries d'Autriche à partir de quand un petit pain est jugé trop vieux, il répond "au bout de deux heures". Il n'est dès lors pas étonnant qu'au moins

10 % de sa production du jour doivent être jetés, ce qui lui coûte "cher".

Quand on demande au chef du plus grand groupe alimentaire du monde, qui vient juste d'annoncer fièrement ses "bénéfices", comment faire pour combattre le chômage, il répond qu'il faut travailler plus.

Quand on demande à l'expert numéro un de la faim, le rapporteur spécial de la Commission des droits de l'homme des Nations unies pour le droit à l'alimentation, comment évolue la faim dans le monde, il répond : "Les montagnes de cadavres sont de plus en plus hautes."

Quand on raconte à un paysan pauvre du Pernambouc, au Brésil, qui lutte chaque année contre la faim durant les longs mois de sécheresse, que nous venons d'une région du monde où ses collègues agriculteurs touchent de l'argent pour ne pas utiliser une partie de leurs champs, parce que notre problème, c'est que nous avons trop de nourriture, il a l'air d'abord décontenancé, mais pas stupéfait.

Soixante ans de croissance économique. Elle n'a rendu personne heureux, mais nous avons tous une assurance vie et une place dans les embouteillages. Consommez ! nous lance le chancelier allemand avant de prendre sa place dans le conseil de surveillance d'un grand groupe énergétique russe.

Quant au directoire de l'Institut des hautes études autrichien (IHS), il affirme même dans une petite phrase que "… ce serait certes humain, mais ce n'est pas bon pour l'économie" ! (*Die Presse* du 10 juillet 2004, page 23).

Quelque chose ne tourne pas rond au *ground control* sur notre planète Terre, nous le sentons tous à notre insatisfaction.

C'est pour cela qu'au printemps 2004 nous sommes partis faire un documentaire pour montrer ce qui se passe avec notre nourriture, et quand je dis "nous", je parle de mon assistante, Lisa Ganser, et moi. Car, à de rares exceptions près, nous étions seuls.

J'ai voulu faire un film simple et à peu près honnête, qui montre les choses de l'intérieur. Montrer les gens qui produisent, transforment et manipulent ce que nous mangeons, et leur donner la parole à l'endroit même où ils travaillent.

Nous ne nous intéressions pas aux scandales, ni aux thèmes racoleurs comme le transport des animaux, l'élevage en batteries, le génie génétique ou l'arnaque aux subventions.

Il s'agissait de montrer des choses et des processus normaux, quotidiens et non spectaculaires, et de les montrer tels quels. Car je n'aime rien moins dans la vie, et donc au cinéma, que la spéculation.

Personne ne devait être attaqué, car il ne s'agissait pas de chercher un coupable, mais de montrer comment les choses fonctionnent. Je trouve trop naïf de répartir le monde entre bons et méchants, car la vie est plus complexe que nous ne voulons l'admettre, et seul le "fou" croit que tout est simple, comme le dit Thomas Bernhard.

Je suis obligé de décevoir ceux qui cherchent la vérité. Ils ne la trouveront pas ici, car je ne sais pas vraiment ce que c'est que la vérité. Il s'agit là d'un film subjectif, évidemment.

We Feed the World, ce titre que nous avons choisi tout à la fin pour le film, commence avec le mot *we*, "nous", et c'est exactement cela que nous voulions mettre en avant.

Nous avons perdu le sens de ce que nous avalons tous les jours, de notre façon de nous comporter les uns avec les autres, et de nos vraies responsabilités.

Nous avons perdu notre intuition, ou ne lui faisons plus confiance, lorsque nous produisons notre nourriture selon les standards actuels.

Nous voulions commencer par une histoire positive, l'histoire de quelqu'un qui suit encore son intuition. C'est ainsi qu'en juin 2004, au solstice d'été, nous nous sommes retrouvés tout à l'ouest de l'Europe, chez Dominique Cleuziou, pêcheur breton, la cinquantaine sportive, qui a passé sa vie en mer et dont l'épouse dit qu'il a de l'eau salée dans les veines.

Je trouvais important de montrer comment Cleuziou exerce son métier, et de savoir qu'il y a encore quelqu'un qui suit avant tout son intuition. Il a bien sûr un sonar sur son bateau, mais pas de montre. Il sait quelle heure il est. Bien sûr, Cleuziou tue un animal sauvage quand il pêche, mais il le fait pour gagner sa vie, pas pour faire monter le cours d'une action.

On sent toute sa joie et sa fierté quand il montre à la caméra le turbot qu'il vient de prendre, et même ceux qui n'y connaissent rien voient tout de suite la différence entre les poissons pêchés par Cleuziou et ceux qui ont été capturés par des bateaux industriels, pour qui seuls la quantité et le profit ont une importance.

On se demande tout de suite pourquoi tout le monde ne procède pas comme Cleuziou, pourquoi la plupart des gens dépensent leur temps et leur énergie à pratiquer la pêche industrielle ? Ils voient eux-mêmes le résultat et devraient sentir que ce qu'ils font est faux. Peut-être ne se sentent-ils pas responsables de ce qu'ils font et se disent qu'ils se contentent de faire ce qu'on leur dit. Si je ne le fais pas, un autre le fera, et je perdrai mon travail. Ils ont peur !

C'est pour cela que "prendre ses responsabilités", notamment collectivement, serait si important. Mais cela s'opposerait à notre système économique, c'est pourquoi on a sciemment fait disparaître les collectifs, ce qui reste étant l'individu, qui vit en concurrence permanente avec lui-même et les autres consommateurs, et dans une solitude extrême.

Dans l'Autriche d'aujourd'hui, il y a plus de gens qui partagent leur vie avec un animal domestique qu'avec un autre être humain. Cela en dit long sur notre société, et sur où nous a menés notre destin d'individus.

Les extrémistes de la consommation et du libre-échange argumentent en évoquant la croissance et le bien-être, ainsi que la formule magique du libre marché qui régule tout ! Mais ceux qui considèrent sérieusement que notre système est régulé par un "libre marché" se trompent lourdement. Qu'est-ce qu'un marché libre s'il est pratiquement monopolisé par les cinquante plus grands groupes mondiaux ?

Nous avons vu que les économies planifiées de l'Est n'ont pas été un grand succès, pourquoi les économies planifiées de l'Ouest, qui ne sont même plus au service des gens, mais des actionnaires, devraient-elles mieux fonctionner ?

Les cinquante plus grandes économies planifiées sont aujourd'hui des entreprises privées – et à la cinquante et unième place on trouve peut-être Cuba. Ce n'est pas le marché qui décide, mais ces structures qui contrôlent le marché. La dernière chose qu'elles veulent est que le marché intervienne.

Cela explique que l'homme le plus riche du monde, Bill Gates, domine 90 % de l'informatique mondiale, et sa richesse privée équivaut presque à la somme des budgets nationaux de la moitié des pays d'Afrique. Ou que quelqu'un comme Peter Brabeck-Letmathe ait un salaire annuel de 20 millions de francs suisses. Il gagne plus que tous les chefs d'Etat et de gouvernement de l'Europe des 25 réunis.

Le chef de Deutsche Telekom annonce fièrement lors d'une conférence de presse que l'entreprise a fait des milliards d'euros de bénéfices, puis ajoute qu'on va licencier 30 000 employés – dont ceux qui ont contribué à engranger ces bénéfices. Voilà pour la question du chômage au temps du libre-échange.

Nous devons réapprendre à prendre nos responsabilités, d'abord pour nous, puis pour nos actes. C'est ce qui est contenu dans ce *we*, et des gens comme Dominique Cleuziou peuvent nous encourager dans cette voie.

Et la bonne nouvelle, c'est que nous en sommes capables. Nous devons manger, nous devons faire les courses, et nous pouvons donc décider de ce que nous voulons. Ce système n'a été créé ni par la nature ni par Dieu, ce sont les hommes qui l'ont fait, et nous pouvons donc le changer.

Voilà pourquoi le film s'intitule *We Feed the World* et non *They Feed the World*.

ERWIN WAGENHOFER

GLOSSAIRE

(termes utiles à la compréhension du texte)

ACP, PAYS ACP. Il s'agit des pays d'Afrique, des Caraïbes et du Pacifique, et plus précisément de toute l'Afrique subsaharienne, de 16 pays des Caraïbes ainsi que du Timor oriental et d'une série de petites îles du Pacifique sud. 79 pays en tout, qui ont presque tous été des colonies européennes. Ils sont liés à l'UE par un contrat qui a d'abord été négocié à Lomé, la capitale du Togo, en 1975 (c'est pourquoi on parlait aussi des accords de Lomé). Les accords ACP-UE facilitent à ces pays l'exportation de produits vers l'UE, mais en contrepartie celle-ci a le droit d'utiliser les marchés des 79 pays. Pour 2005, la part des exportations des pays ACP vers l'UE était de 26,2 %, pour un montant de 50,4 milliards d'euros, contre 54,6 milliards d'euros pour les exportations de l'UE vers les pays ACP (2,7 %). La valeur marchande des produits exportés par l'UE est toutefois bien plus élevée que cela n'apparaît dans ces chiffres, car ils ne prennent pas en compte les subventions des produits agricoles.

AQUACULTURE. L'aquaculture ou ferme piscicole est un espace contrôlé et plus ou moins fermé où on élève des poissons. Comme dans les autres domaines, cet exemple de rationalisation de la production alimentaire s'est beaucoup développé dans les dix dernières années du XXe siècle. Au début, il s'agissait de produire des poissons dont la demande était bien supérieure aux réserves marines, comme le saumon. Puis on s'est mis à élever des produits de luxe, comme le turbot, particulièrement onéreux. L'aquaculture n'a rien de mauvais en soi ; lorsqu'on respecte certaines contraintes environnementales et de production, il s'agit d'une méthode de production alimentaire plus intelligente que le recours à d'énormes usines de poissons flottantes qui vont vider les mers de leurs réserves. En revanche, il nous faudra rester attentifs aux effets du poisson géant transgénique qu'on est en train de développer sur l'aquaculture en général et l'écosystème marin en particulier.

BIOPIRATERIE. Ce terme désigne la tentative de breveter les ressources génétiques d'une plante. Tout a commencé en septembre 1997, lorsque la société texane RiceTec a demandé un brevet pour une prétendue nouvelle variété de riz. Son nom : basmati. L'Etat indien a lui-même mené cette bataille juridique, et l'a remportée. Il a ainsi empêché que des millions de cultivateurs de riz indiens, mais aussi pakistanais, ne soient précipités dans l'illégalité et la criminalité. Car un groupe américain aurait pu revendiquer le fruit de leur travail. Autres exemples de biopiraterie : la tentative de la société japonaise Asahi de breveter le *cupuaçu*, un fruit amazonien qui entre dans la fabrication de son chocolat, ou celle du groupe américain W. C. Grace de s'approprier l'huile de *neem*, un arbre indien. Cette huile est un insecticide naturel utilisé en Inde depuis des siècles.

BREVET. Un brevet est un titre de propriété industrielle qui empêche tout autre que son titulaire de gagner de l'argent avec une invention. Les groupes du secteur de la *life science* essaient systématiquement de breveter des plantes et d'autres êtres vivants. Cela leur permettrait de contrôler toutes les applications commerciales de tel ou tel "produit". L'exemple le plus connu est celui de la société texane RiceTec, qui a tenté de faire breveter le riz basmati. Pour protéger leur brevet, les entreprises, qui, par exemple, ont inventé une nouvelle variété de maïs censée donner une récolte bien plus abondante ou être résistante aux insectes nuisibles, font payer le prix fort aux agriculteurs. En général, le contrat qui lie le semencier au paysan interdit à celui-ci de planter les fruits de sa récolte, si bien qu'il est contraint de racheter des semences chaque année.

CALORIES | ÉNERGIE. Autrefois, presque tout le monde pratiquait l'agriculture pour se nourrir. Aujourd'hui encore, 70 % de la population mondiale travaillent dans ce secteur. Cette proportion paraît inimaginable dans les sociétés européennes basées sur le partage du travail. Nombreux sont ceux qui ne produisent que pour se nourrir eux-mêmes et ne vendent ou n'échangent qu'une petite partie de leur production. Tout le monde est loin de travailler dans la production de matières premières pour l'industrie alimentaire ou dans l'élevage de bêtes de boucherie. Le coton et les plantes destinées à la production de drogues constituent des *cash crops* aussi importants que le café, le riz ou les bananes.

CASH CROPS. Il s'agit de produits agricoles exclusivement destinés à l'exportation. Ils ne sont pas (ou pas vraiment) présents dans le quotidien de ceux qui les cultivent. Café, cacao, thé, bananes, coton, oranges ou tabac sont la plupart du temps emportés juste après la récolte pour la transformation industrielle, et les produits finis ne réapparaissent guère sur le lieu de récolte. Les agriculteurs de ces pays ensoleillés peuvent considérer comme une heureuse opportunité la possibilité de gagner de l'argent avec ces produits agricoles à côté, ou à la place, des cultures destinées à leur alimentation. Mais il s'agit souvent d'un piège. Les paysans qui ont abandonné la culture de céréales et de légumes pour leurs propres besoins afin de faire des *cash crops* sont dépendants des prix du marché mondial. Et ces prix sont déterminés par les pays qui importent les *cash crops* et qui ont intérêt à ce qu'ils restent aussi bas que possible.

CONVENIENCE FOOD. Convenience signifie "commodité", mais ce terme ne convient souvent absolument pas au processus de production de ce genre de produits. L'exemple type de *convenience food* est le plateau-télé, avalé en état d'hébétude devant son poste. Autrefois, les produits tout prêts ou semi-prêts se vendaient en boîtes de conserve, alors qu'aujourd'hui ils sortent plutôt du congélateur. On les mange vite et sans penser à rien. Les principaux responsables de l'obésité font partie de ces produits. Comme il suffit de réchauffer ces plats dans une casserole ou au micro-ondes, ils pourraient bien, en l'espace d'une génération, détruire des connaissances accumulées pendant des siècles. Pour leurs fabricants, ils présentent également l'avantage de pouvoir utiliser n'importe quels ingrédients. Car ils ne sont pas obligés d'indiquer leur provenance, comme c'est le cas normalement lorsqu'on vend des légumes, de la viande ou du poisson.

DIOXYDE DE CARBONE. Le CO_2 est l'un des principaux responsables de l'effet de serre et, partant, du réchauffement de la planète. Tout le monde sait que ce gaz sort en grande quantité des cheminées d'usine et des pots d'échappement des voitures. Même si cela ressemble à une théorie alarmiste, le fait est que des animaux comme les bovins, mais aussi les moutons, rejettent trente fois plus de méthane, un gaz aussi dangereux que le dioxyde de carbone. On sera sans doute amené à en reparler.

EAU. L'eau n'est qu'un composé chimique simple d'hydrogène et d'oxygène (H_2O), mais elle est la base de toute vie sur terre. Les plus développées des sociétés primitives ont déjà cherché les moyens de rendre l'eau accessible à tous. Cette idée correspond aujourd'hui à la volonté des ONG de définir l'accès à l'eau comme un droit fondamental de l'homme. S'y opposent les grands groupes de l'eau et les groupes alimentaires qui vendent leur eau en bouteille dans le monde entier. Ils sont soutenus par les gouvernements des pays de l'hémisphère nord dont les entreprises sont impliquées dans ce commerce de l'eau. Lorsqu'on parle d'eau, il s'agit surtout de l'eau douce, de l'eau potable. Près des trois quarts des réserves d'eau potable sont utilisés par l'agriculture.

ÉCONOMIE DE SUBSISTANCE. On parle d'économie de subsistance lorsqu'un individu ou un groupe de personnes, comme une famille ou un village, produit lui-même l'ensemble des biens nécessaires à la vie. Ce système implique l'absence d'échanges monétaires, mais il est très souvent basé sur le troc. Dans de nombreux pays pauvres, la plupart des gens vivent aujourd'hui encore dans un système proche de l'économie de subsistance. Dans les sociétés où peu d'argent circule, et où on ne le dépense que pour acheter des médicaments ou préparer des fêtes, les gens vivent toujours selon le principe de l'autoconsommation. Dans de nombreux pays africains, cela concerne en particulier les gens qui vivent loin des grandes villes.

GÉNIE GÉNÉTIQUE, *BIODESIGN*. Ces termes désignent en particulier l'intervention sur le patrimoine génétique de plantes ou d'autres êtres vivants. Dans le domaine de l'agriculture, l'industrie travaille ainsi à "optimiser" les plantes. Cela peut vouloir dire que les nouvelles semences donnent des récoltes plus importantes que les graines traditionnelles, ou qu'elles sont résistantes à certains insectes nuisibles (ce qui promet là encore une meilleure récolte). Ces sociétés font breveter les nouvelles semences et font payer le prix fort à leurs clients. Mais la promesse d'une meilleure récolte n'est pas toujours tenue. Le transfert génétique, lorsque des gènes modifiés sont amenés par le vent ou des insectes sur les champs d'agriculteurs qui cultivent encore traditionnellement, représente un grand danger.

LIFE SCIENCE. Il s'agit du nom que l'industrie du génie génétique se donne à elle-même. Ce qui est problématique, car la recherche concentre surtout ses efforts sur des plantes et des animaux qui ne peuvent se reproduire. L'objectif de la *life science* : créer des variétés de céréales qui ne peuvent être semées qu'une fois ainsi que des poissons stériles, qui sont donc voués à la mort après une seule génération.

LINDA. Nom d'une variété de pomme de terre à la chair jaune et très savoureuse. Le semencier allemand Europlant, titulaire du nom et du droit de maintenance des semences de la Linda, a voulu cesser la maintenance de cette variété fin 2004, juste avant que la Linda ne tombe dans le domaine public, ce qui est le cas lorsqu'une variété a fait l'objet d'un certificat de droit d'obtention pendant trente ans. Certains agriculteurs bio, soutenus par des associations d'agriculture bio, ont ignoré cette interdiction de continuer à cultiver la Linda et l'ont récoltée en 2005. Le produit des récoltes, sur intervention d'Europlant, a été saisi. Europlant avait retiré la Linda du marché parce qu'elle voulait commercialiser de nouvelles variétés. Fin 2005, le tribunal a décidé que les agriculteurs pouvaient garder les pommes de terre récoltées pour continuer cette culture. Ils vont sans doute inscrire cette variété sous un autre nom.

OMC. L'Organisation mondiale du commerce a été fondée en 1994 pour réduire les obstacles au libre-échange. Le libre commerce de biens et services est toujours à l'ordre du jour, mais les différents Etats en présence ne sont pas égaux. Les pays en voie de développement, comme on les appelle, se voient certes accorder certains avantages, qui sont censés compenser leur position défavorisée, mais ils ne peuvent guère se positionner sur les marchés du Nord, car ils ne satisfont pas à de nombreuses normes et réglementations. Cette inégalité se retrouve dans la suppression de subventions. Alors que les pays pauvres, sous la pression du FMI et de la Banque mondiale, sont contraints de supprimer toutes les subventions d'Etat, des produits américains, comme le coton, ou européens, comme la viande et les légumes, sont l'objet d'importantes subventions, et arrivent sur les marchés de ces pays défavorisés.

ONG. Une organisation non gouvernementale est une organisation qui ne relève pas de l'Etat. Sur le plan politique, ce terme désigne les organisations engagées dans la protection de l'environnement ou des droits de l'homme. Les deux ONG les plus connues sont Amnesty International et Greenpeace.

SEMENCES HYBRIDES. Les hybrides sont des croisements conçus par d'ingénieux scientifiques afin de rendre un animal ou un végétal plus performant dans un domaine particulier. Une plante issue d'un tel croisement peut ainsi donner à un agriculteur une récolte plus abondante, quant à l'animal qui travaille sur ce même champ, il sera à même de soulager le paysan du surplus de travail. Nombre de ces créations sont stériles. Les semences hybrides ne sont censées être plantées qu'une seule fois. Normalement, le paysan peut espérer qu'elles lui donneront une récolte plus importante que les graines traditionnelles. C'est bien pour cela qu'il paie pour des semences, tandis que jusqu'alors elles venaient de la récolte précédente. Evidemment, si on replante les semences hybrides, le produit de la prochaine récolte ne sera pas nul, mais il ne représentera que 80 % de la première récolte, et le rendement baissera dans ces proportions au fil des années.

SOJA. Cette modeste plante riche en protéines et à partir de laquelle on produit de l'huile joue depuis quelques années un rôle crucial dans l'agriculture internationale. Le soja a deux fonctions au sein de la production d'aliments pour l'Europe et l'Amérique du Nord. D'un côté, il remplace les farines animales dans l'alimentation du bétail depuis la crise de l'ESB, de l'autre, la lécithine de soja est largement utilisée par l'industrie alimentaire, et l'huile de soja remplace des huiles plus onéreuses, comme celle de cacao. L'augmentation soudaine des besoins en soja a conduit à une expansion sans précédent des surfaces de culture, en particulier aux Etats-Unis et en Amérique du Sud, comme au Brésil et en Argentine. La part de soja OGM ne cesse elle non plus d'augmenter. En Argentine, qui produit un sixième du soja mondial, à peine 1 % des cultures sont encore traditionnelles. Les grands groupes semenciers s'efforcent aujourd'hui de nous faire accepter les OGM comme s'il s'agissait de la chose la plus naturelle du monde. Leur première stratégie consistait à dire que les aliments génétiquement modifiés étaient parfaitement inoffensifs, et elle n'avait guère été un succès au niveau international. Ils ont donc affirmé que les OGM permettraient de vaincre la faim dans le monde (en particulier lorsqu'ils avaient affaire à des gouvernements connus pour une politique favorable à l'industrie). L'argument actuel des semenciers est toutefois bien plus convaincant : ils essaient de nous donner l'impression que l'essentiel du soja est déjà génétiquement modifié et qu'il est illusoire de vouloir une alimentation sans OGM.

TECHNOLOGIE GÉNÉTIQUE VERTE. Ce terme désigne le génie génétique appliqué à l'agriculture, par opposition à la technologie génétique rouge (médecine), blanche et grise (techniques industrielles) ou encore bleue, en développement (élevage de nouveaux poissons). La technologie génétique verte crée des produits comme un maïs insensible aux insecticides ou un soja capable de pousser sur des sols pourtant non appropriés. Les deux grandes promesses de la technologie génétique verte, à savoir plus de rendement pour les agriculteurs et l'apport d'une solution à la faim dans le monde, n'ont pour l'instant pas été tenues.

TRANSFERT GÉNÉTIQUE. Le transfert des informations d'un gène à une plante du même type constitue l'une des graves conséquences du génie génétique. Une culture traditionnelle peut ainsi être contaminée par pollinisation, lorsque le vent ou des insectes apportent le pollen d'un champ voisin, où sont cultivées des plantes génétiquement modifiées. C'est la crainte qu'expriment depuis les années 1980 les opposants des OGM. On sait aujourd'hui que le plus grand danger vient du sabotage consistant à détruire sciemment des cultures conventionnelles avec des semences génétiquement modifiées. On parle alors de *biotech pollution*.

TRANSFORMATION. Cela fait longtemps que l'homme ne va plus à la chasse quand il veut manger de la viande. Comme il revenait souvent bredouille, en général ce carnivore mangeait végétarien. Au cours des deux derniers millénaires, la viande de bœuf, de porc ou d'agneau, le lapin ou les bêtes à plume sont peu à peu devenus des marchandises, souvent réservées, il est vrai, à une petite partie de la population. Ce n'est que dans la seconde moitié du XXe siècle que la viande est devenue un produit de consommation de masse qui, dans les pays riches, est accessible à presque tout le monde. Cela fait plusieurs décennies que le prix de la viande, en Europe comme en Amérique du Nord, n'a pas vraiment évolué, alors que le prix d'autres aliments a parfois considérablement augmenté. On ne peut augmenter les prix, parce que le consommateur n'est pas prêt à payer plus, et les producteurs de viande développent donc sans cesse de nouvelles méthodes pour rationaliser la production et faire baisser les coûts, afin de faire tout de même un petit bénéfice. La production de la viande de porc, processus que l'on appelle transformation, se passe de plus en plus (aux Etats-Unis par exemple) dans un système fermé : un immense complexe industriel s'occupe de tout, depuis la conception des animaux jusqu'à la production de viande et charcuterie, en passant par l'élevage et l'abattage.

TRANSGÉNIQUE. Les organismes transgéniques sont des animaux ou des plantes qui contiennent des gènes d'organismes étrangers ou dont on a manipulé les gènes en laboratoire. Ce concept n'est pas encore très répandu dans la langue de tous les jours, bien que de nombreuses plantes génétiquement manipulées soient déjà concernées. On en parlera sans doute plus bientôt, lorsque le poisson transgénique arrivera dans nos assiettes.

TRANSPORTEUR / TRANSPORT. Le transport ne pèse presque plus rien dans les prix du commerce international. Mais comme la plupart des marchandises sont achetées en Europe, aux Etats-Unis et au Japon mais produites en Asie, en Afrique et en Amérique latine, leur transfert représente toute une organisation. A l'intérieur du gigantesque espace économique de l'UE, il y a également de grandes vagues de transport, en particulier du sud vers le nord, parce que le soleil du Sud fait pousser les fruits et les légumes que l'on mange à l'ouest et au nord du continent. On produit encore des aliments, souvent sous forme de matières premières, en Europe occidentale, mais ils sont à leur tour vendus dans le monde entier et doivent donc être acheminés vers les lieux de production. Les coûts secondaires du transport sont énormes : aux dommages environnementaux causés par la construction des routes et l'utilisation de carburant s'ajoutent les substances toxiques utilisées pour la conservation des matières premières et aliments transportés. Et ces substances, nous les consommons toujours plus ou moins avec les aliments.

REMERCIEMENTS Nadine Adler, Frenetic Films | Cordula Andrä | Katja Clos | Christoph Dornbusch, Agrar Konzept | Christian Gottschalk | Helmut Grasser, Allegro Film | Yvonne Greiner | Henriette Gunkel | Katharina Holas | Hans Georg Merkel | Dorothee Plass | Clemens Pustejovsky | Katharina Reuter, Zukunftsstiftung Landwirtschaft | Gerd Schnura, Media Office | Engelbert Schramm | Thomas Schröder, Deutscher Tierschutzverein | Lutz Semmler | Constantin Simon, Delphi Filmverleih | Frank Stöve, Kornstube Urfeld | Philipp Stucki, Frenetic Films | Saskia Vömel, Entertainment Kombinat | Anne Wilcken

CRÉDITS *We Feed the World*
UN FILM DE Erwin Wagenhofer

ASSISTANTE A LA RÉALISATION Lisa Ganser
CRÉATION SONORE Helmut Neugebauer
SON Lisa Ganser | Helmut Junker
MIXAGE Thomas Kathriner
RÉGISSEURS DE PRODUCTION
Autriche | Marina Matovic
Brésil | Mariana Rivero
Espagne | Rudolf Kaufmann
France | Véronique Deichmann
Roumanie | Tiberiu Negut
Suisse | Margit Koch

PILOTES Anibal Isidoro Carmona | Danilo Iper de Lima
PRODUCTEURS EXÉCUTIFS Katharina Bogensberger | Wernfried Natter
PRODUCTION Helmut Grasser
SCÉNARIO | CAMÉRA | MONTAGE | RÉALISATION Erwin Wagenhofer

AVEC Jean Ziegler | Franz Epp | Hans Schrank | Hans Manhart | Dominique Cleuziou | Thierry Martin | Philippe Cleuziou | Lieven Bruneel | Peter Ptasznyk | Karl Otrok | Tiberiu Negut | Vincente José Puhl | Danilo Iper de Lima | José Maximiliano de Souza | Jusilia Ferreira dos Santos | Flavio Jesus dos Santos | Hannes Schulz | Johann Titz | Peter Brabeck-Letmathe

TRADUCTIONS Jacqueline Csuss | Christiane Koch | Sophie Kidd | Margit Niederhuber-Jäkel | Marcos André da Silva Santos | Verena Teissl

DIRECTEURS TECHNIQUES Traudl Kaiser | Roland Kladivko
MARKETING & SALES Simone Fachel
SITE | CORRECTION DES COULEURS Christian Leiss
GRAPHISME Wolfgang Bledl | Thomas Esterer | Christine Horn
TRANSFERT FILM Cine Pix
MERCI A Elisabeth et Franz Aibler | Stefi Andre | Peter Asimus | Josef Baumgartner | Georg Beckmann | Gabriel M'Binki | Franck Le Bout | Thomas et Elisabeth Burger | Abdel Kader Chirki | Armelle Cleuziou | Antonia Poro Conlosi | Dogan et Acer | Heinz Dötzl | Maria Suner Estevan | Fabian Davi Falle | Othmar Fally | E. F. Fittkau | Reinhild Frech-Emmelmann | Karl Gass | Otto Gasselich | Herbert Heindl | Hajas Junaj | Brahima Ketta | Hassan Kilok | Heiner Koehnen | Beate Koller | Maria Lucia Lira | Herbert Lugitsch | Werner Magoschitz | Gildo Marcelino de Lima | Juan Moreno Linai | Carmen Moswitzer | Diego Garrido Navarro | Leopold Neumayer | Franz Ohner | Constantino Olteanu | Stefan Panuschka | Francisco Sabio Peor | Jordi Portoles Peramo | François-Xavier Perroud | Andreas Pieler | David del Pino | Josef Reichholf | Gerhard Riess | Gerhard Rose | Hanni Rützler | Francisco Jose Escobar Sanchez | Edimundo dos Santos | Matildes Mendes F. dos Santos | Karl Schirnhofer | Irma Helena Margarida Schroeder | Hubert Sielecki | Maria Goretsch

de Silva | Dietmar Sinkovits | Horacio Cano Sola | Herbert Stangl | Dominique Stéphan | Gerhard Ströck | Miguel Augel Valentin Tarifa | Josef et Erna Taucher | Jürgen Tempelmaier | Robert Wieser

Réalisé avec l'aide du Österreichischer Filminstitut et du Filmfonds de Vienne.

© Allegrofilm 2005

BABEL

Extrait du catalogue

784. ALEXANDRE GRIBOÏÉDOV
Du malheur d'avoir de l'esprit

785. PAUL AUSTER
Brooklyn Follies

786. REZVANI
L'Eclipse

787. PIERRETTE FLEUTIAUX
Les Amants imparfaits

788. CHRISTIAN GOUDINEAU
L'Enquête de Lucius Valérius Priscus

789. EDUARDO BERTI
Madame Wakefield

790. NIKOLAÏ GOGOL
Les Nouvelles de Pétersbourg

791. ANNE BRAGANCE
La Reine nue

792. FRANÇOIS POIRIÉ
Rire le cœur

793. JOSÉ CARLOS SOMOZA
La Dame n° 13

794. PERCIVAL EVERETT
Désert américain

795. HODA BARAKAT
Les Illuminés

796. PAUL NIZON
Immersion

797. GÖRAN TUNSTRÖM
    Partir en hiver

798. PAVAN K. VARMA
    Le Défi indien

799. NAGUIB MAHFOUZ
    Passage des miracles

800. YOKO OGAWA
    La Petite Pièce hexagonale

801. ROY LEWIS
    La Véritable Histoire du dernier roi socialiste

802. GLENN SAVAN
    White Palace

803. BJARNE REUTER
    Le Menteur d'Ombrie

804. CHRISTIAN SALMON
    Verbicide

805. LUIGI GUARNIERI
    La Double Vie de Vermeer

806. PER OLOV ENQUIST
    Blanche et Marie

807. HELLA S. HAASSE
    Les Initiés

808. ANDRÉ BRINK
    L'Insecte missionnaire

809. CÉSAR AIRA
    Les Larmes

810. EDUARDO BELGRANO RAWSON
    Fuegia

811. LIEVE JORIS
    La Chanteuse de Zanzibar

812. THÉODORE MONOD
    Majâbat al-Koubrâ

813. PAUL BELAICHE-DANINOS
Les Soixante-Seize Jours de Marie-Antoinette
à la Conciergerie, t. I

814. MADISON SMARTT BELL
Le Maître des carrefours

815. YAAKOV SHABTAÏ
Pour inventaire

816. ANDRÉAS STAÏKOS
Les Liaisons culinaires

817. NORBERT ROULAND
Soleils barbares

818. PRALINE GAY-PARA
Contes curieux

819. MARGARITA XANTHAKOU
On raconte en Laconie…

820. INTERNATIONALE DE L'IMAGINAIRE N° 22
Evénementiel *vs* action culturelle

821. COLLECTIF
Le Dialogue des cultures

822. VÉRONIQUE OVALDÉ
Déloger l'animal

823. METIN ARDITI
La Pension Marguerite

824. LYONEL TROUILLOT
Les Enfants des héros

825. JEAN-PIERRE GATTÉGNO
Le Grand Faiseur

826. CLAUDE PUJADE-RENAUD
La Chatière

827. DANIEL ZIMMERMANN
Le Spectateur

828. STÉPHANE FIÈRE
La Promesse de Shanghai

829. ÉLIE-GEORGES BERREBY
L'Enfant pied-noir

830. TAMIKI HARA
Hiroshima, fleurs d'été

831. VASSILI AXIONOV
A la Voltaire

832. WILLIAM T. VOLLMANN
Les Fusils

833. YOKO OGAWA
Le Réfectoire un soir et une piscine sous la pluie

834. ELIAS KHOURY
Un parfum de paradis

835. MAHMOUD DARWICH
Une mémoire pour l'oubli

836. CHRISTIAN GOUDINEAU
Regard sur la Gaule

837. GABRIEL CAMPS
Les Berbères

838. JAMES KNOWLSON
Beckett

839. ROBERT C. DAVIS
Esclaves chrétiens, maîtres musulmans

840. ANNE-MARIE GARAT
Dans la main du diable

841. NANCY HUSTON
Lignes de faille

842. LAURENT GAUDÉ
Eldorado

843. ALAA EL ASWANY
L'Immeuble Yacoubian

844. BAHIYYIH NAKHJAVANI
Les Cinq Rêves du scribe

845. FAROUK MARDAM-BEY
Etre arabe

846. NATHANIEL HAWTHORNE
Contes et récits

847. WILLIAM SHAKESPEARE
Sonnets

848. AKI SHIMAZAKI
Tsubame

849. SELMA LAGERLÖF
Le Livre de Noël

850. CHI LI
Pour qui te prends-tu ?

851. ANNA ENQUIST
La Blessure

852. AKIRA YOSHIMURA
La Guerre des jours lointains

853. GAMAL GHITANY
La Mystérieuse Affaire de l'impasse Zaafarâni

854. PAUL BELAICHE-DANINOS
Les Soixante-Seize Jours de Marie-Antoinette
à la Conciergerie, t. II

855. RÉGINE CRESPIN
A la scène, à la ville

856. PHILIPPE BEAUSSANT
Mangez baroque et restez mince

857. ALICE FERNEY
Les Autres

858. FRANÇOIS DUPEYRON
Le Grand Soir

859. JEAN-LUC OUTERS
Le Bureau de l'heure

860. YOKO OGAWA
La Formule préférée du professeur

861. IMRE KERTÉSZ
    Un autre

862. OSCAR WILDE
    Quatre comédies

863. HUBERT NYSSEN
    Quand tu seras à Proust la guerre sera finie

864. NIMROD
    Les Jambes d'Alice

865. JAVIER CERCAS
    A la vitesse de la lumière

866. TIM PARKS
    Double vie

867. FRANZ KAFKA
    Récits posthumes et fragments

868. LEENA LANDER
    La Maison des papillons noirs

869. CÉSAR AIRA
    La Guerre des gymnases

870. PAUL AUSTER
    Disparitions

871. RUSSELL BANKS
    Hamilton Stark

872. BRIGITTE SMADJA
    Le jaune est sa couleur

873. V. KHOURY-GHATA
    La Maison aux orties

874. CLAUDIE GALLAY
    Dans l'or du temps

875. FRÉDÉRIC MISTRAL
    Mes origines

876. YAAKOV SHABTAÏ
    Et en fin de compte

877. ORLY CASTEL-BLOOM
    Dolly City

878. KLAUS MANN
Le Tournant

879. DON DELILLO
Les Noms

880. YU HUA
Vivre !

881. NAGUIB MAHFOUZ
Son Excellence

882. PAUL NIZON
La Fourrure de la Truite

883. JAMES LEO HERLIHY
Macadam Cowboy

884. SAMIR KASSIR
Considérations sur le malheur arabe

885. JÖRG BLECH
Les Inventeurs de maladies

886. OLIVIER PY
Théâtre complet I

887. ANNE-MARIE GARAT
Chambre noire

888. MINH TRAN HUY
Le Lac né en une nuit

889. ABDOURAHMAN A. WABERI
Aux Etats-Unis d'Afrique

890. VILMA FUENTES
L'Autobus de Mexico

891. LEENA LANDER
Vienne la tempête

892. THÉODORE MONOD
Le Fer de Dieu

893. MARC de GOUVENAIN
Un printemps en Sibérie

894. *
Le Chevalier paillard

895. VOLTAIRE
    Ce qui plaît aux dames

896. DOMINIQUE PAGANELLI
    Libre arbitre

897. FRÉDÉRIQUE DEGHELT
    La Vie d'une autre

898. FRÉDÉRIC CHAUDIÈRE
    Tribulations d'un stradivarius en Amérique

899. CHI LI
    Soleil Levant

900. PAUL AUSTER
    Dans le scriptorium

901. FRANS G. BENGTSSON
    Orm le Rouge, t. I

902. LAURENT GAUDÉ
    Dans la nuit Mozambique

903. MATHIAS ÉNARD
    La Perfection du tir

904. ANTOINE PIAZZA
    Les Ronces

905. ARNAUD RYKNER
    Nur

906. ANNE BRAGANCE
    Danseuse en rouge

907. RAYMOND JEAN
    Un fantasme de Bella B.

908. ÉRIC NONN
    Une question de jours

909. OMAR KHAYYÂM
    Robâiyât

910. METIN ARDITI
    L'Imprévisible

911. JOSÉ CARLOS SOMOZA
    La Théorie des cordes

912. JULI ZEH
La Fille sans qualités

913. HELLA S. HAASSE
L'Anneau de la clé

914. TORGNY LINDGREN
Divorce

915. HODA BARAKAT
La Pierre du rire

916. FRANÇOISE DUNAND
Isis, mère des dieux

917. MARIE DE FRANCE
Les Lais

918. IMRE KERTÉSZ
Roman policier

919. YOKO OGAWA
Tristes revanches

920. NEIL BARTLETT
Ainsi soient-ils

921. EMILI ROSALES
La Ville invisible

COÉDITION ACTES SUD – LEMÉAC

Ouvrage réalisé
par l'Atelier graphique Actes Sud.
Achevé d'imprimer
en septembre 2008
par Normandie Roto Impression s.a.s.
61250 Lonrai
sur papier fabriqué à partir de bois provenant
de forêts gérées durablement (www.fsc.org)
pour le compte
d'ACTES SUD
Le Méjan
Place Nina-Berberova
13200 Arles.

Dépôt légal
1re édition : octobre 2008
N° impr. : 082976
(Imprimé en France)